시간의 앙금

시간의 앙금

2023년 3월 16일 초판 1쇄 발행

지은이 | 강태훈
발행인 | 최성미
출판등록 | 제2-5080호
도서출판 희망 | 서울특별시 중구 충무로5가 20-27
편집 | 제이커뮤니케이션

저작권자 © 2021, 강태훈
이 책의 저작권은 저자에게 있습니다.

ISBN 979-11-954451-6-5

시간의 앙금

강태훈

□ 작가의 말

　대부분 정년퇴직하는 분들이 그러하듯이 저도 퇴직을 6개월쯤 앞두고 많이 우울하였습니다. 스무 해가 훨씬 넘게 재판을 하면서 느꼈던 회한, 애써 외면해 오던 정년 이후 생활계획 등에 관한 여러 생각들이 하루에도 몇 번씩 밀려와 마음이 영 편치 않았습니다. 퇴직을 두어 달 앞둔 어느 날 그동안 머릿속에서 유빙처럼 떠돌고 있는 사건들을 떠올리고 그중 일부를 정리하여 법원가족들과 공유해야겠다는 생각을 하게 되었습니다. 그때부터 퇴직일까지 대략 10주 동안 일주일에 두 편씩 법원게시판에 올렸는데, 법원가족들은 댓글을 통해 따스한 격려 말씀을 아끼지 않았고 그 덕분에 심정적으로 불편했던 퇴직까지의 두어 달을 즐겁게 보낼 수 있었습니다.

　어느새 퇴직을 한 지도 만 1년이 지났습니다. 타관을 떠도는 나그네가 고향을 그리워하듯 법원생활을 되돌아보면서 앙금처럼 남아 있는 위 글들을 지인들과 공유하고 싶은 생각이 불현듯 일어 게시판에 올렸던 졸고 21편에 발표하지 않았던 15편을 보태 소책자를 펴내게 되었습니다.

법원가족들의 소중한 댓글을 함께 실은 것은, 제가 쓴 본문을 능가하는 통찰력 있는 글들이 적지 않았고 제가 미처 생각하지 못했던 부분을 보충해 주는 글들도 많이 있어 함께 싣는 것도 의미가 있다고 생각하였기 때문이며

간간이 보이는 사진들은 제가 법원에서 근무할 때 틈틈이 찍은 것들로 그 또한 일상의 기록이라 생각되어 올리는 것이지만 보잘것없는 본문을 더욱 초라하게 만드는 건 아닌지 걱정이 앞섭니다.

이래저래 부실한 점이 적지 않을 것이지만 과장이나 각색 없이 사실 그대로 기재한 것들로 능력은 부족하지만 나름 성실하고자 했던 전직 판사의 비망록 정도로 이해해 주시면 더없는 영광으로 여기겠습니다.

2023. 2. 25.

강 태 훈 드림.

차례

작가의 말　　5
조정의 추억　　10
과장(誇張)과 거짓　　20
검사직무대리　　24
구체적 진술　　29
흑백사진　　35
누범(累犯)과 누범(淚犯)　　40
약자의 저항　　44
유익비　　49
재물의 운용역량　　55
크리스마스의 추억　　60
생동감 넘치는 조서　　64
희망의 두 가지 뜻　　69
선덕여왕과 편견　　77
거짓말　　83
철없는 아이　　91
노추(老醜)　　97

발로 쓰는 판결 103
건물매수청구권 108
법정구속 115
변론주의 120
사이비 라스콜리니코프 127
명품 131
감성대로 살기 135
모두에게 잘 하기 138
절제된 일상의 중요성 142
상상적 경합 147
1인 교회 151
약혼 부당파기 156
유죄 확신의 정도 160
이혼주례 165
숄더백 168
여학생들의 집단폭행 171
501호, 502호 176
정을 뗀다는 것 182
사실혼관계 부당파기 186
어려운 당사자 191

> 요즘 해가 많이 짧아져 날이 금방 어두워집니다. 저는 이제 두 달 후면 정년으로 무겁기 한량없는 법복을 벗습니다. 20년이 훨씬 넘는 짧지 않은 세월 동안 제가 맡았던 무수한 사건들과 함께 일하던 동료들의 얼굴이 그야말로 주마등 같이 머릿속을 스쳐 갑니다. 분명 말빚으로 남을 테지만 법원가족 분들께서 타산지석으로 삼을 만한 것이 있을 거란 믿음으로 능력은 부족하지만 나름 성실하고자 했던 판사의 부실한 비망록 같은 글들을 감히 올립니다(그 중 일부는 이런저런 매체에 실렸던 것들입니다).

조정의 추억

　판사로 임관되던 초기에 비하여 해를 거듭할수록 민사사건에서는 판결 선고 못지않게 조정을 중시하게 된다. 그러한 변화의 주된 이유는 세상을 조금 살아 보니 본인이 직접 체험하지도 않은 일에 대하여 자신 있게 판단할 수 있는 경우가 생각 외로 적다고 느꼈기 때문이다.

　아무리 판사가 소송법상 엄정한 절차를 준수하며 헌법과 법률, 그리고 법적인 양심에 따라 재판을 한다고 하더라도 그러한 재판의 결과인 판결이 실체적 진실에 부합한다는 보장은 없다. 판사가 법원에 제출된 증거와 입증책임 분배 원칙에 따라 내린 결론이 당사자들로서는 너무나도 잘 알고 있는 실체적 진실과 다를 때 패소한 당사자가 법원을 원망할 것은 당연하고 승소한 당사자도 내심으로는 법원을 비웃을 것이다. 증거가 부족한, 꽤 많은 사건에서 입증책임 분배 원칙에 따르다 보면 영악한 당사자가 어리숙한 당사자보다 보호받게 되는 경우가 있는데 이를 단지 변론주의 원칙에 따른 것이므로 정당하다고 간단히 합리화하거나 어쩔 수 없다고 쉽게 체념할 수는 없지 않은가.

　이러한 번민 끝에 다다른 생각은 겉보기에는 어설프고

어정쩡해도 조정 과정에서 양측 당사자가 상호 양보하여 도출되는 결론이 의외로 실체적 진실 내지 진정한 정의에 부합할 수 있다는 것이다. 최악의 조정이 최선의 판결보다 낫다는 이야기도 이런 맥락에 나온 것이리라.

아주 오래 전 여스님들, 즉 비구니 사이의 손해배상사건이 있었다.

원고 비구니가 피고 비구니에게 자신이 머물던 절의 건물과 대지 그리고 인근 토지를 팔았는데 그 토지 중 꽤 큰 부분이 남의 땅인 것으로 밝혀지자 피고는 원고를 형사고소를 하여(아마 주변 사람들의 부추김에 따른 것이었을 게다) 그만 원고가 사기죄로 구속, 무려 10개월 동안이나 구금되었다가 항소심에서 무죄판결을 선고받고 석방되었다.

풀려난 원고는 피고를 상대로 부당한 형사고소로 인하여 자신이 겪은 정신적 고통에 대한 손해배상(위자료)으로 5,000만 원을 구하는 민사소송을 제기하였고 이에 피고는 형사적으로는 무죄일지 몰라도 민사적으로는 여전히 원고의 기망행위에 의하여 위 매매계약을 체결하게 된 것이니(민사적으로 볼 때는 기망행위에 해당하더라도 형사상 사기죄가 성립되려면 그 입증은 법관이 합리적 의심을 할 여지가 없을 정도로 확신을 할 수 있을 증명력을 가진 증거에 의하여야 한다) 그 계약을 취소하고 매매대금의 반환을 구하는 반소를 제기하였다.

첫 기일에 나는 먼저 원, 피고에게 어찌하여 속세의 법으로 불가의 일을 재단받으려고 하느냐고 두 스님의 부덕함을 나무란 다음 이 사건으로 더 큰 고통을 받았을 원고에게 그간 쌓인 울분을 토로할 기회를 주었다. 원고는 비구니인 자신이 사기꾼으로 몰려 구치소에서 겪은 온갖 수모를 눈물로 토설하면서 이 건으로 청정비구니로서의 명예가 회복이 불가능할 정도로 훼손되었다. 피고가 지금이라도 '불교신문'에 원고가 구금생활을 하게 된 것은 전적으로 피고의 잘못 때문이라는 광고를 게재한다면 즉시 소를 취하하겠다고 하였다.

원고 편만 드는 듯한 인상을 주어서는 조정이 성립될 수 없기 때문에 피고에게도 반론할 기회를 주기는 하였으되 그 시간을 가능한 짧게 하였다. 그런 다음 양측에게 격앙된 감정을 누그러뜨리고 자신 및 상대방에 대하여 깊게 성찰해 보자며 다음 조정기일을 4주 후로 잡았다.

두 번째 조정기일, 그 날도 원, 피고를 따라온 신도들로 법정은 만원이었다. 나는 먼저 피고에게 '반야심경(般若心經)'을 독송해 줄 것을 부탁하였다. 머뭇거리는 피고에게 거듭 요청을 하니 피고는 차분하게 가라앉은 목소리로 "마하반야바라밀다 …" 반야심경을 시작하였는데 점차 낭랑한 목소리로 변하면서 잔잔히 울려 퍼졌고 법정 안에는 법당 같은 숙연한 분위기가 감돌았다.

독송이 끝나자 나는 피고에게 위 매매 건으로 원고가 비구니로서는 겪을 수 없는 고통을 당하였으니 잘잘못 가리기 이전에 함께 반야(般若, 진리)를 구하는 도반(道伴, 함께 도를 닦는 벗)으로서 원고를 위로해 주어야 하지 않겠느냐, 운수납자(雲水衲子, 누더기를 입고 구름 가듯 물 흐르듯 떠돌아다니면서 수행하는 승려)인 스님들에게 돈이 무슨 의미가 있겠냐마는 이미 세속적인 송사가 벌어진 마당이니 너무 부담가지 않는, 적절한 금액(300만 원)으로 정성을 표시하자고 제안하였다.

한편 원고에게는 피고가 어쩌면 큰 공부를 시키는 부처님일지 모른다. 피고가 전하는 금원이 원고가 겪은 고초에 비할 수야 없겠지마는 사과하는 정성으로 받으시고 부디 이번 일을 다 잊고 용맹정진(勇猛精進, 용맹스럽게 불도(佛道)를 수행하는 것)하여 성불(成佛)하시라고 간곡하게 말하였다. 대략 30여 분에 걸친 설득 끝에 두 스님은 화해를 하였고 그들이 서로의 손을 잡는 순간 신도들 중 일부는 박수를 치기도 했다.

보름쯤 지났을 무렵 자그마한 소포가 왔다. 뜯어보니 피고 스님이 보낸, 그분을 닮은 아담한 다구(茶具)였는데 "많은 것을 묻어 두고 산으로 들어간다"는, 짧지만 붓으로 정성스럽게 쓴 편지가 동봉되어 있었다.

피고가 어쩌면 큰 공부를 시키는 부처님일지 모른다...
○○○
2021-11-29

부장님의 마음을 본받아 그 마음으로 사람들과 사건을 대하면서 살고 싶습니다. 감사드립니다.
○○○
2021-11-26

일반직도 볼 수 있는 게시판에 모처럼
겸손한 판사님께서
훌륭한 글을 올려주셨습니다.
○○○
2021-11-26

에고.. 저는 판사님들이 판결이유 쓰기 힘들어서 가급적이면 조정을 많이 하신다고 생각한 적이 많았는데.. 부끄럽네요..
○○○
2021-11-26

법정에서 쉽게 볼수 없는 풍경으로 재판 당사자들은 물론 방청하는 신도들에게도 울림을 주고, 깨달음을 줄 수 있었을 것

같습니다. 마음이 따뜻해지는 글 감사합니다.~~
○○○
2021-11-26

부장님의 이 글은 골치 아픈 미제사건 한 건을 해결하였다는
것에 그치는 것이 아니라, 심하게 마음 고생한 그 비구니의
마음까지 헤아리신 인간의 내면을 통찰하신 진정한 법관다운
모습을 보이신 것입니다. 현재 판사님들은 너무 많은 사건으로
인하여 당사자들의 마음까지 들여다볼 여유조차 없다는 것이
너무 아쉽다는 생각이 듭니다. 만약, 위 사건을 법대로
판단하였다면 아마도 양쪽 당사자들은 더 큰 마음의 상처를
입었을 것이고,이를 판단해야 하는 법관으로서는 참으로
곤혹스러운 시간을 보냈지 않았을까 싶습니다.
얼마전 기사에 담당법관을 기피하는 당사자들이 많이 늘어나고
있다는 기사를 본 적이 있습니다. 그만큼 우리 조직이 신뢰를
잃어가고 있다는 반증이 아닌가 하는 생각에 많이
우려스럽습니다.

부장님의 퇴직전 말씀하신 이번 글이 사법부 구성원들에게 큰
울림으로 퍼져서 신뢰회복의 계기가 되었으면 합니다. 재직하신
동안 경험하셨던 위와 같은 사례들을 책으로 발간하실 것을 적극
추천드려 봅니다. 울림있는 글 감사드립니다.
○○○
2021-11-26

부장님께서 하신 조정을 보니, 우리 사법부가 정의롭다는 사실을
다시 느낄 수 있었습니다. 좋은 글 감사합니다.
○○○
2021-11-26

부장님의 성품이 느껴지는 마음에 깊은 여운을 남기는 일화인 것 같아요. 좋은 글 감사드립니다~
○○○
2021-11-26

글을 읽어내리는데, 눈물이 절로 맺힙니다. ㅠㅠ 울림이 있는 좋은 글 감사합니다. *(_ _)*
○○○
2021-11-26

부장님이 경험한 조정의 추억 감동적인 단편소설 읽는 느낌이였습니다. 좋은 글 감사합니다.
○○○
2021-11-26

별다른 생각 없이 열었다가 한참 생각하게 됩니다. 좋은 글 감사합니다.
○○○
2021-11-26

종교는 다를지언정 모두가 부처님이시네요^^ 마음이 따뜻해지는 좋은 글 잘 읽었습니다.
○○○
2021-11-26

마지막 글에서 왜 갑자기 눈물이 나는지.. 좋은 글 감사합니다 부장님..
○○○
2021-11-26

잠시 하던 일을 멈추고 생각을 해 보게 하는 참 좋은 글입니다.
이해관계가 다른 두 사람 이상의 관계를 들여다보고 판단한다는
것.
둘 다 선한 마음끼리 착오에 기한다면 모르되 한 편이 더하거나
둘 다 이기적인 모습을 보이는 것을 결론 지어야 한다는 것. 결코
바람직하지 않고 쉽지 않습니다.
그럼에도 그러할 수밖에 없는 일을 한다는 것. 업을 짓는 일을
업으로 하고 있는 것일지도 모르겠습니다.

나를 생각해보고 사람에 대하여 생각해 봅니다.
부여된 일을 하는 것에 최선을 다하고 양심에 비추어 타인에게
폐를 끼치는 일이 없도록 조심하되 내 기준의 질서나 도덕을
바라지도 말며 담담하게 바라볼 수 마음을 가질 수 있는 연습을
부단히 해야겠다는 생각을 가져봅니다.
산에 올라 양지 바른 등성이에 앉아 잔잔한 호수를 바라보는
기분입니다.
항상 건강하고 좋은 날을 만들어 가시길 바라겠습니다.
○○○
2021-11-26

좋은 글, 잘 읽었습니다. 감사합니다~~!
○○○
2021-11-26

잘 읽었습니다. 감사합니다.^^
○○○
2021-11-26

사유를 통해서 반야에 이르지 못함을 행하는 것이 부럽습니다.

○○○
2021-11-26

판사님. 좋은 글 잘 읽었습니다. 스스로 불자라고 생각하면서도 천수경도 벅차 겨우 반야심경만을 아주 가끔씩 읽고 있습니다. 그런데, 읽으면 비워지는 묘한 경전입니다.ㅎ 요즘은 산책삼아 절에 가면 광명진언을 암송하며 예불도 드리고 있는데, 언젠가는 밝은 세상도 오지 않을까 싶습니다. ^^
○○○
2021-11-26

부장님^^
부장님께서는 오늘아침 저에게 정말 환한 웃음과 큰 기쁨을 선물해 주셨습니다.
행복을 선물해 주신 정말 멋진 부장님^^
오늘도 좋은 날 되세요.
○○○
2021-11-26

과장(誇張)과 거짓

과장(誇張)은 정직한 사람들의 거짓이라는 말이 있듯이, 기본적으로 과장은 어느 정도 사실에 기초하고 있다. 일반적으로 사람들은 의식적으로나 무의식적으로 자신에게 유리하게 진술하는 경향이 있기 때문에 법적으로도 어느 정도의 과장은 허용된다. 예를 들면 고소 내용이 터무니없는 허위사실이 아니고 사실에 기초하여 그 정황을 다소 과장한데 불과한 경우에는 무고죄가 성립하지 않는다. 그러나 과장의 정도가 지나치면 법적으로 용인되지 아니한다. 예컨대 상대방과 언쟁을 하다가 욕설을 들었을 뿐인데 그런 상황을 과장하여 폭행을 당하였다고 신고한다면 이는 법적으로 허용될 수 없는 거짓인 것이다.

이런 점에서 진실과 거짓 사이에는 과장이라는 폭넓은 스펙트럼이 존재한다고 생각할 수 있다. 실제 재판을 하다 보면 당사자의 진술이 법적으로 용인되는 정도의 과장에 불과한 것인지 아니면 용인되기 어려운 거짓에 해당되는 것인지 분간하기 어려워 고민할 때가 많다. 더욱이 그 판단이 인신 구속 여부와 직결되는 때에는 그 고심의 정도는 더욱 깊어진다.

오래 전 형사재판을 담당할 때의 일이다.

화물차 운전자가 한낮에 편도4차로의 큰 도로를 진행하다가 신호를 위반하여 사거리를 통과하던 중 진행방향 오른쪽에서 사거리로 진입하는 오토바이를 들이받아 오토바이 운전자에게 중상을 입혔다는 혐의로 불구속 재판을 받게 되었다. 화물차 운전자는 경찰 이래 줄곧 신호 위반사실을 부인하고 있었는데. 만일 그가 신호를 위반한 사실이 인정된다면 그 과실 및 피해결과가 중한데 비하여 피해자와 합의를 하거나 공탁을 하는 등 피해회복을 위하여 노력한 점이 없었기 때문에 실형선고를 면하기 어려운 사안이었다.

혐의 사실에 부합하는 증거로는 피해자의 진술과 사고 당시 현장 부근에서 청소를 하던 환경미화원의 진술 및 그들의 진술을 토대로 작성된 교통사고분석결과가 있었는데 현장검증을 해 보니 환경미화원이 사고 당시 있었다는 위치에서는 신호등이 잘 보이지 않아 그의 진술을 그대로 믿기는 어려웠다. 결국 혐의 사실을 인정할 실질적 증거로는 피해자의 진술만이 있는 셈이었다.

판결 선고를 앞두고 피해자의 진술을 믿어야 할지 말아야 할지 고민을 거듭하면서 기록을 살피다가 피해자가 뒤늦게 우편으로 보내 온 진정서를 보게 되었다. 피해자는 화물차 운전자를 엄벌에 처해 줄 것을 요청하면서 자신은 교차로 진입 전에 정지선 맨 앞(2차로의 맨 앞)에 대기하고 있다가 교차로 신호가 녹색으로 바뀌는 것을 확인하고 그 교차로 오른쪽에 설치되어 있는 횡단보도에서 사람들이 건너오는 것을 보고 교차로에 진입하였다고 주장하고 있었다.

그런데 사건기록에 편철된 '교통신호체계 설명서'에 의하면 사고 당시 위 횡단보도의 녹색신호등은 피해자가 건너던 방향의 차량신호등이 녹색으로 바뀐 후 몇 초가 지난 뒤에야 켜지는 것으로 되어 있었다. 그렇다면 피해자의 주장은 차량이 붐비는 대형교차로를 진입하기 전 2차로 맨 앞에서 대기하고 있던 그가 차량녹색신호가 들어왔음에도 바로 진입하지 아니하고 횡단보도의 녹색신호가 들어올 때까지 몇 초를 더 기다린 다음에야 교차로에 진입하였다는 것인데, 그런 주장은 쉽사리 납득이 가지 않았다. 또한 화물차의 스키드마크 등 다른 증거나 정황을 종합해 보아도 화물차 운전자가 신호를 위반하였다고 확신할 수 없었다.

형사재판을 받는 피고인은 무죄로 추정되고 유죄인지 무죄인지 분명하지 않은 경우에는 무죄를 선고하여야 하기 때문에 이 사건의 경우 중상을 입고도 제대로 보상을 받지 못한 피해자를 생각하면 안타까운 일이지만 화물차 운전자에게 유죄판결을 선고하지 아니하였다.

형사판결을 떠나 실체적 진실은 과연 무엇이었을까? 피해자의 진정서는 피해자가 신호를 위반하여 사고를 야기하고도 이를 상대방에게 떠넘기기 위하여 거짓으로 작성한 것인가 아니면 단지 신호를 위반하지 않았다는 사실을 과장되게 진술한 것인가?

검사직무대리

사법연수원 1년 과정을 마친 연수생은 법원, 검찰청 및 변호사사무실을 순회하면서 일종의 견습훈련을 받는데, 검찰청에서는 지도검사의 감독 아래 간단한 사건을 수사하고 공소장을 작성하는 등 검사의 직무를 대리하게 된다.

검사직무대리를 하던 때의 일이다. 배당받은 불구속 사건 중에서 보증금사기 사건이 있었다.

여행업을 시작하려는 고소인은 사무실을 수소문하다가 같은 업종에 종사하는 피고소인을 알게 되었다. 피고소인은 고소인에게 자신의 사무실이 혼자 쓰기에는 너무 크다며 그 일부를 임차하라고 하였다. 일반적으로 건물주(임대인)는 자신의 동의 없이 임차인이 다시 세를 놓는, 이른바 전대차를 금지하는 관행이 있다는 사실을 알고 있는 고소인은 피고소인에게 전대하는 것이 가능한지 물어봤다.

피고소인은 자신이 외국인인 건물주와 임대차계약을 체결할 때 전대가 가능하도록 약정하였다면서 건물주와 체결한 영문 임대차계약서를 보여 주었다. 고소인이 그 계약서를 보니 피고소인 말대로 전대가 가능한 것처럼 기재되어 있었다. 고소인은 피고소인에게 임대차보증금(전대차보증금)을 지급하고 몇 달 간 그 사무실을 사용하였다.

그러던 어느 날 고소인은 건물주로부터 당장 사무실을 비워달라는 내용증명을 받고 깜짝 놀라 피고소인에게 어찌된 일인지 물어보았다. 피고소인은 건물주가 뭔가 오해하고 있는 것 같다면서 전대차가 가능하도록 약정하였으므로 아무 걱정 하지 말라고 하였다.

그런데 얼마 후 또 다시 건물주로부터 명도요구를 받은 고소인은 피고소인에게 건물주에게서 받은 서면을 제시하며 보증금 반환을 요구하였다. 피고소인은 한사코 전대가 가능하므로 보증금을 돌려줄 수 없다고 버텼다. 고소인은 피고소인을 끌고 인근 경찰서로 갔다. 거기서 조사를 받으면서도 피고소인이 전대가 가능하다는 주장을 되풀이하자 격분한 고소인은 피고소인의 얼굴을 주먹으로 1회 때렸다.

그 때문에 조사가 중단되었는데. 피고소인은 자신과 연고가 있는 병원을 찾아가 전치 4주의 진단서를 발급받아 경찰에 제출하였다. 조사경찰관은 자신의 면전에서 피고소인을 폭행한 고소인을 아주 괘씸하게 여겨 당초 문제되었던 보증금사기 건을 폭행 사건의 동기에 불과한 것으로 가볍게 보아 사건을 흐지부지 끝내고, 폭행 조사를 일방적으로 진행하는 바람에 고소인이 덜컥 구속되고 말았다(그 당시는 4주 이상 상해를 입힌 사건에서 피해자와 합의가 되지 않은 경우 구속을 원칙으로 하던 시절이었다). 너무 억울하다고 생각한 고소인은 피고소인의 엄청난 합의금 요구를 거절하고 시종 무죄를 주장하다가 실형을 선고받고 여러 달 복역을 하였다.

고소인은 출소하자마자 자신의 인생에 지울 수 없는 흠이 가게 한 피고소인을 살해할 목적으로 칼을 품고 피고소인 집근처에서 잠복, 피고소인을 기다렸다. 그런데 자기 딸 또래의 피고소인의 딸아이가 귀가하는 피고소인에게 안기는 것을 보고 차마 피고소인을 찌르지 못하고 돌아섰고 며칠 후 피고소인을 사기죄로 고소하였다.

피고소인을 불러 신문을 하였는데, 그는 여전히 전대가 가능한 건물이라고 주장하면서 건물주와 체결한 임대차계약서를 제출하였다. 그 계약서는 수사기록의 규격(A4 용지)보다 세로가 조금 더 길었기 때문에 전대가능 여부를 규정한 부분이 접혀 있었다. 펼쳐 보니 " … might rent …"라고 적혀 있었는데 might와 rent 사이의 간격이 지나치게 넓었고, 그 전후 문맥상 임차인이 전대를 할 수 있다고 해석하는 것은 매우 어색하였다.

오히려 might와 rent 사이에 not이 있다면 해석이 매끄럽게 될 수 있었다. 며칠 후 외국에 체류 중인 건물주로부터 어렵게 입수한 임대차계약서를 보니 과연 might와 rent 사이에 not이 있었고, 피고소인이 자신이 보관 중인 계약서의 위 부분을 임의로 삭제하였음을 확인할 수 있었다. 즉 피고소인은 고소인 주장대로 전대가 불가능한 사무실 중 일부를 임대차계약서를 변조하여 전대가 가능한 것처럼 고소인을 속이고 보증금 명목으로 수천만 원을 편취하였던 것이었다.

지도검사님과 상의하여 고소인이 당초 고소하였던 사기죄 외에 사문서변조, 동행사죄를 추가로 인지하고 피고소인을 구속, 기소함으로써 위 사건을 마무리 짓기로 하였다.

피고소인을 체포하기 전 날 피고소인에게 전화를 걸어 마치 아무 일도 아닌 것처럼 사건을 종결하는데 필요하니 잠시 검찰청에 나와 달라고 하였다. 피고소인도 가볍게 전화를 받았지만 정작 다음날 출석한 피고소인을 보니 잠을 제대로 못 잤는지 눈이 붉게 충혈되어 있었다.

고소인과 간단히 대질하는 형식으로 최종 피의자신문조서의 작성을 마친 후 피고소인에게 사기, 사문서변조, 동행사 혐의로 체포하고 구속영장을 청구하겠다고 말했다. 피고소인은 몹시 당황하여 무슨 증거로 자신을 체포하느냐고 소리쳤다. 건물주로부터 입수한 임대차계약서를 제시하자 이내 풀이 죽었고 자신이 체포된다는 사실을 실감하였는지 충혈된 두 눈에 눈물이 가득 고였다.

　대기 중인 경찰관은 허리띠를 풀게 하고 손목에 수갑을 채워 데리고 나갔다. 만감이 교차하는 표정으로 그 광경을 지켜보던 고소인은 아무 말 없이 머리를 깊게 숙여 인사하고 사무실을 떠났다.

구체적 진술

성범죄처럼 피해자, 가해자 사이에 제3자가 개입할 여지가 많지 않은 사건에서 유무죄의 판단은 결국 양 당사자의 진술에 의존할 수밖에 없다. 이때 누구의 진술을 믿을 것인지는 어느 당사자의 진술이 더 사실일 가능성이 높은지에 따라 판단하게 되는데, 그러한 가능성의 높낮이를 판단하는 중요한 요소로는 당해 진술의 구체성, 일관성 등을 들 수 있다. 다시 말해 진술이 매우 구체적이거나 전후 모순되지 않는 경우 그러한 진술의 내용은 사실로 받아들여질 가능성이 높다는 것이다. 그렇지만 진술이 구체적이고 모순되지 않는다고만 해서 이를 선뜻 믿어서는 안 된다는 교훈을 준 사건이 있었다.

유부남인 옷가게 업주가 그 가게 점원으로 일하던 처녀와 눈이 맞아 뜨거운 관계로 발전하였다. 처음엔 소극적이던 점원도 점점 욕심이 생겨 처자식이 있는 업주를 자신이 독점하고 싶어졌다. 업주를 밤늦도록 귀가하지 못하게 하기도 하고, 새벽같이 불러내기도 했다. 이미 목적(?)을 달성한 업주는 그러는 점원이 부담스러워 점점 멀리하고자 하였다.

이에 불안감을 느낀 점원은 업주의 냉담해진 태도를 따지는 과정에서 업주에게 매우 중요한 외국 바이어와의 상담을 그르치게 만들었다. 격분한 업주는 점원을 폭행하여 얼굴에 상처를 입혔다. 점원은 극도의 배신감을 느끼고 업주를 상해죄로 형사고소를 하여 업주가 덜컥 구속되었다.

업주의 구속으로 둘 간의 관계가 만천하에 드러나는 바람에 그들 사이가 완전히 파탄에 이르자 점원은 일종의 위자료라도 받아야겠다고 생각하고 합의금으로 1억 원을 요구하였다. 이에 업주의 처는 과도한 요구를 하는 점원을 주저앉힐 생각으로 점원과 업주를 간통죄로 고소를 하였다.

그러자 점원은 업주가 총각행세를 하면서 결혼하자고 꼬드겨 간음, 임신까지 시켰다며 업주를 다시 혼인빙자간음죄로 고소하였다. 그 무렵 업주는 상해죄로 기소된 재판에서 점원과 합의를 하지는 못했지만, 상당한 금액을 공탁하고 집행유예로 석방되었다.

업주가 석방되자 업주의 처는 간통고소를 취소하였는데, 경찰에서는 업주에게 혼인빙자간음 혐의가 인정된다고 하여 검찰을 통해 영장을 청구, 상해 사건으로 가까스로 풀려났던 업주가 1주일 만에 다시 구속되었다.

그러나 사건이 검찰에 송치된 후 담당검사는 혼인빙자간음 사건에 관하여 조사를 하는 과정에서 점원의 주장이 거짓이라고 판단하여 업주에 대하여는 무혐의 종결, 석방하였고, 점원을 무고죄로 불구속 기소하였다. 그런데 점원은 수사의 전 과정 및 법정에서 일관되게 업주가 총각이라고 속이고 결혼하자고 꾀어 성관계에 이른 것이라며 업주의 혼인빙자간음 유죄를 주장하는 한편 자신의 무고 혐의를 강력히 부인하면서 애달프게 울기도 하고 업주에 대한 미움을 격정적으로 분출하기도 하였다.

혼인빙자간음 경위에 관한 그녀의 진술은 일시, 장소가 명확하고 그 당시 업주와 자신이 나누었던 대화 내용이 상당히 구체적인데다 진술 사이에 모순점도 별로 발견되지 않아 정말 그런 일이 있었던 것 같이 매우 그럴싸하게 들렸다(이 때문에 경찰은 참고인들에 대한 조사를 다 하지 않은 상태에서 성급하게 검찰을 통해 영장을 청구하고, 법원에서도 영장을 발부하였던 것으로 보인다).

하지만 목격자(참고인)들의 증언, 즉 점원이 옷가게 놀러 온 업주의 아이를 보고 업주와 붕어빵 같다고 한 적이 여러 번 있다는 다른 점원들의 진술, 1주일에 적어도 한두 번 이상 상품 공급을 위해 옷가게에 들렸는데, 그럴 때면 점원이 늘 사모님, 사모님하면서 잘 따랐다는 업주의 처의 진술, 점원의 근무기간이 수개월이 넘는 점 등 여타 사정에 비추어, 업주가 총각이라며 결혼하자고 속였다는 점원의 말은 믿기 어렵다고 결론을 내리고, 무고죄에 대하여 유죄로 인정하되, 점원의 혼인빙자간음 고소가 선제적으로 이루어진 것이 아니라 업주의 처가 간통죄로 고소를 하자 구속될지도 모른다는 불안한 심리에서 저질러진 것인 점, 어쨌든 업주와의 관계는 유부남인 업주의 주도로 이루어진 것인데다 그 과정에서 임신, 낙태까지 한 점, 초범인 점 등 여러 정상을 참작하여 사회봉사명령을 붙여 집행유예를 선고하였다.

혼인빙자간음 경위에 대한 그녀의 진술이 설득력 있게 보였던 이유는 무엇일까. 업주의 말처럼 점원이 이전에 여러 남자들과 사귄 경험이 있었던 것으로 추측되는데, 어쩌면 그들과 사귀는 과정에서 실제로 있었던 일이나 주고받은 이야기들을 잘 정리, 편집하여 진술하였기 때문에 그러한 진술이 구체성과 일관성을 상당히 갖출 수 있었던 데다 점원의 타고난 연기력이 더해져 무시할 수 없는 설득력을 갖추게 된 것은 아닐까.

※ 형법 제304조 혼인빙자간음죄는 헌법재판소의 위헌결정(헌법재판소 2009. 11. 26.자 2008헌바58 결정)에 따라 2012. 12. 18. 개정된 형법에서 삭제되었다. 물론 이 사건은 혼인빙자간음죄가 폐지되기 훨씬 전에 발생한 것이다.

부장님께서 11. 26.에 게재하신 "조정의 추억"에서 언급하신 본문 내용 중 가장 가슴에 와닿은 것은 "패소한 당사자가 법원을 원망할 것은 당연하고, 승소한 당사자도 내심으로는 법원을 비웃을 것이다."라는 부분이었습니다. 만약 위 사례에서 약자이고 피해자로 보이는 듯한 점원의 주장이 일관되고 구체적이었다고 하여 면밀히 살피지 아니한 채 판단하였다면, 업주는 법이 왜 이러냐고 법원을 원망하였을 것이고, 점원은 자기의 거짓말에 속아 넘어간 법원을 비웃었을 것입니다. 최근 인터넷에 "판사님은 3,000만 원이 소액인가요"라는 제목의 기사에서 소액사건심판법이 국민의 재판받을 권리를 침해하였다며 관련법 개정을 촉구하는 기사를 보았습니다. 법원으로서는 판결이유를 기재하지 아니하니 절대적으로 많은 사건을 처리할 수 있는 좋은 법일지 모르겠으나, 생계가 걸려 있는 일반 사람들에게 결론만 내려놓고 따르라고 하기에는 일반 국민들의 지적 수준이 많이 높아졌으니 진퇴양난입니다. 이와 비슷한 맥락에서 소제기 당시의 2배의 인지대를 첨부하고서도 심리조차 받지 못하고 아무런 이유도 모른 채 심리불속행 기각결정을 받은 당사자도 비슷한 심정일 것이라고 봅니다. 사법 신뢰의 추락을 막기 위해서라도 이에 대한 적절한 대책이 필요할 것으로 보입니다.
○○○
2021-12-02

박원순 시장을 성범죄자로 몰아간 여성 김모 씨는... 오히려 모든 증거를 숨기면서
여성단체나 인권위원회를 통해 자신을 목적을 달성하고 있습니다.고인께서 힘들더라도 법정에서 진실을 다투셨다면 <무죄판결>을 받았을 것으로 보입니다.

○○○
2021-12-02

부장님의 글, 재미있게 읽고 있습니다. 또 후속 글이
기다려집니다. 언제가 글을 모아 책으로 발간하셔도 참 좋을것
같습니다.
○○○
2021-12-02

피해자의 진술 이전에 그 사건의 가해자라고 지목된 사람에 대한
피해자의 진술이 이 사건처럼 세상에 드러나게 되어
다투어진다면 그 진술 중에 몇 가지나 남아 있을까 궁금합니다.
기억이 분명하지 않지만 지난 주였던가 어느 법원에서 권익위에
대해 사건 관련 자료 제출을 요구하였다는데 권익위에서 어떤
사유를 들어 거부했다는 포털 기사를 보았던 것 같습니다.모든
문제는 밝은 곳으로 나오게 되면 사실관계가 보다 명확해지면서
참과 거짓으로 자연스럽게 분리가 될 것이라고 느끼는데 왜
감추려고만 할까 답답하기만 하네요. 그래서 다른 방편으로
책이나 언론이 동원되는 것 아닐까 싶기도 생각이 됩니다.
○○○
2021-12-02

흑백사진

요즘에도 흑백사진이 상당수의 애호가들로부터 사랑을 받고 있다. 사진용어 중에 계조(階調, gradation)라는 것이 있는데, 이는 사진 화상에서 농도가 가장 짙은 부분에서 가장 옅은 부분까지 변해 가는, 농도의 이행단계를 뜻한다. 사진에 그러한 이행단계가 잘 나타나 있으면 계조가 풍부하다고 말한다. 아직까지는 디지털 사진보다 필름 사진이, 특히 잘 찍은 흑백필름으로 인화한 사진이 계조가 풍부하다. 그 때문에 디지털 시대에도 필름으로 찍은 흑백사진이 사랑을 받고 있는 것이다.

"칼라사진보다 흑백사진이면 좋겠다."이것은 내가 무슨 사진 애호가라서가 아니라 형사사건 기록에 편철되어 있는, 선혈이 낭자한 사진을 볼 때 가지게 되는 생각이 그러하다.

사진은 실체적 진실을 밝히는 데 중요한 자료가 될 수 있으므로 보기 흉한 사진이라고 하더라도 이를 피해서는 아니 되는 것이고 오히려 애꿎게 목숨을 잃거나 다친 피해자를 생각하면 그러한 사진일수록 더욱 꼼꼼히 살펴야 한다. 요즘엔 A4 용지 자체에 곧바로 인화를 하여 기록에 철을 하지만 얼마 전까지만 해도 인화지에 인화한 사진을 테이프로 붙여 놓아 기록을 뒤적일 때마다 사진이 부착된 페이지가 자동으로 펼쳐져 그 생생한 사진을 몇 번씩 반복하여 보게 되는 경우가 많았다. 그럴 때면 흑백사진이면 낫겠다고 생각했다.

오래 전에 형사재판을 담당했을 때의 일이다.

그 당시 같은 사무실에서 일하는 동료 여판사가 임신한 상태임에도 별로 아름답지 아니한 사진들을 매일같이 보고 있는 것이 안쓰러워 태교에 좋지 않을 것 같아 걱정이라고 했더니 여장부 기질이 다분한 그 판사는 이전에 더한 일도 있었기 때문에 사진 정도는 충분히 견딜 만하다고 하였다.

그러면서 이른바 토막살인 사건의 주심을 맡았을 때 이야기를 해 주었다.
『 … 기록을 읽다가 기록 중간 부분에 검정 색 비닐이 단정하게 접힌 상태로 부착되어 있는 것을 보게 되었다. 의아한 생각이 들어 그 비닐을 몇 번씩이나 이리저리 펼쳐 보았으나 별로 특별한 것이 없는 그저 평범한 비닐봉투였다. 그런데 나중에 봉투가 붙어 있던 A4 용지의 한 귀퉁이에 아주 작은 글씨로 "시신의 일부가 들어 있던 비닐봉투"라고 쓰여 있는 것을 보게 되었다. 갑자기 손에 무언가 묻어 있는 것 같은 께름칙한 기분이 들었고 그러한 느낌은 아무리 손을 씻어도 가시지 않았다.…』

위 이야기를 대학교수인 친구에게 하였더니, 그는 가운(gown)을 입는 직업은 겉보기엔 그럴듯해도 실제로는 전혀 고상하지 못한 것이라고 했다. 그 이유는 우리 사회에서 가운을 입는 대표적인 직업으로는 신부(神父), 의사, 판사가 있는데, 신부는 상처받은 영혼을, 의사는 손상된 신체를, 판사는 범죄와 같은 사회병리나 사람 간의 심각한 갈등을 다루기 때문이라는 것이다. 그 말에 나는 그래도 그런 사람들이 있어 정신적 또는 육체적으로 상처 입은 사람 또는 갈등을 겪는 사람들이 그들의 상처나 갈등을 치유하거나 위로를 받지 않겠느냐, 따라서 가운을 입는 직업은 그런 사람들을 보듬어 주는 품위 있는 거라고 반박했었다.

오늘도 재판을 위해 법복을 입는다. 거울을 보며 과연 내 자신이 그러한 품위를 갖추고 있는지 자문을 한다.

위 대학교수님께서 말씀하셨듯이 신부, 의사, 판사는 고된 일을 하는 게 사실입니다. 하지만 아무나 할 수 없는 고된 일을 하기에 앞서 언급한 직업들이 사회에서 존경받는다 생각합니다.
○○○
2021-12-08

깊이 있는 본글과 댓글... 잘 읽었습니다.
○○○

2021-12-07

우리 사회에서 가운을 입는 대표적인 직업[신부(神父), 의사, 판사] 중 판사의 가운은 때론 신부와 의사의 가운까지 겹쳐 입어야 할 경우도 있을 것이므로 그 무게감은 신부(神父)나 의사의 홑가운에 비할 바가 아니라는 생각이 듭니다. 판사의 판단이 상처받은 영혼에게 아무런 위로가 되지 않고, 상처를 준 범죄자의 영혼이 범죄 전후와 아무런 변화가 없다면 이는 단순한 합법적인 보복에 지나지 않을 수도 있겠다는 생각이 듭니다. 이런 면에서 상처받은 영혼과 상처를 준 영혼 모두에게 하늘을 대신하여 신부(神父)의 가운을 잠시 겹쳐 입어야 할 경우도 있지 않을까 싶습니다.
○○○

누범(累犯)과 누범(淚犯)

복역을 마치고 출소한 지 3년 내에 다시 금고 이상에 해당하는 죄를 저지른 때에는 누범(累犯)이 되어 그 죄에 정한 형의 장기 2배까지 가중 처벌된다. 재판을 받는 피고인이 누범으로 처벌받는 것을 두려워하는 진정한 이유는 이러한 가중처벌보다는 집행유예를 받을 수 없기 때문이다 [※ 종전에 금고 이상의 형의 선고를 받은 때에는 그 형의 집행이 종료되거나 면제된 후 3년이 지나야만 집행유예 선고가 가능하므로, 누범에 해당하는 경우에는 집행유예 선고가 불가능하다].

그런데 당해 범죄에 정해진 형(법정형)에 벌금형이 있는 경우 벌금형을 선택하면 누범에 해당하지 않기 때문에 피고인은 벌금형을 간절히 받고 싶어 한다. 하지만 법원은 출소 후 단기간 내에 특히 종전 범행과 동종의 범행을 저지른 때에는 죄질이 좋지 않다고 판단, 법정형에 벌금형이 있는 경우에도 징역형을 선택하여 누범으로 처벌하는 것이 일반적이다.

왼쪽 무릎 아래가 없는 장애인이 불구속 기소되었다. 그에 대한 공소사실은 음주운전 등으로 복역을 마친 지 두어 달 만에 또다시 음주운전을 하였다는 것으로, 음주운전에 대한 법정형 중 징역형을 선택하면, 누범에 해당되었다.

그런데 선고 며칠 전 피고인이 환각물질을 흡입한 혐의로 구속되어 기존사건에 병합되었다. 종전 사건을 누범으로 처벌, 즉 실형선고를 하고 법정구속을 해야 할지를 고심하던 터라 차라리 잘됐다고 생각했다.

하지만 피고인은 재개된 공판기일에 "다리를 절단케 한 괴사가 계속 진행되고 있어 간헐적으로 심한 통증에 시달린다. 범행당일 지긋지긋한 고통이 시작되자 누군가가 유사휘발유에 환각성분이 있다고 했던 말이 생각나 이전에 주유하고 남은 유사휘발유를 흡입하였다"고 진술했다. 진단서에도 '괴사가 진행 중'이라고 쓰여 있었고 실제로 그의 무릎은 곰팡이가 핀 것처럼 거뭇거뭇하였다.

국선변호인은 피고인의 처에게 탄원할 기회를 달라고 했다. 이를 허락하자 방청석 중간에서 중증의 뇌성마비 장애인이 힘겹게 일어났다. 그녀는 알아듣기 힘든 목소리로 어린 딸을 위해 남편을 풀어 달라며 울었고 피고인도 통곡을 하면서 용서를 빌었다. 그날 방청석엔 당시 논란이 심했던 다른 재판 때문에 많은 사람들이 앉아 있었는데, 그들 대부분도 손수건으로 눈물을 훔치고 있었다. 나도 목이 메어 몇 분을 진정하고서야 가까스로 재판을 마칠 수 있었다.

2주 후 피고인의 죄질은 좋지 않지만 범행경위, 재범 가능성, 가정환경 등 여러 정상을 참작하여 벌금형을 선고, 석방하였다.

오랜 시간이 지난 요즘도 가끔 그 부부가 생각난다. 어디선가 건실하게 살면서 딸아이를 지극한 사랑으로 키워냈을 것으로 믿고 있다.

오늘도 좋은 글 읽고 갑니다. 감사합니다 부장님.
○○○
2021-12-13

글을 읽으며 눈시울이 시큰해집니다.. 귀한 경험담 감사드립니다.
(_ _)b
○○○
2021-12-09

법정에 앉아계신 부장님을 뵙는 듯합니다. 법원에서의 남은 시간 동안 귀한 기억을 나누어 주심에 감사드립니다.
○○○
2021-12-09

약자의 저항

"지렁이도 밟으면 꿈틀한다."는 속담이 있다. 이는 아무리 보잘 것 없는 사람이라도 너무 업신여기면 가만있지 않는다는 말이다. 그다지 강하지 않은 사람이 자기보다 약한 사람을 가혹하게 핍박하는 경우가 없지 않다. 그런데 그런 학대가 지속되면 그 약한 사람도 저항을 하게 되는데, 만일 약자에게 합법적인 구제수단이 주어져 있지 않다면 매우 조악한 방법으로 대항을 하여 양자 모두 파멸에 이르게 될 가능성이 있다.

중국에서 살던 50대 초반의 한족(漢族) 여인이 홀몸으로 우리나라에 입국하였다. 그녀는 2년 간 식당도우미로 악착같이 일하면서 돈도 조금 모았다. 밉지 않게 생긴 그녀에게 눈독을 들이고 식당을 자주 오던 홀아비가 어느 날 그녀에게 청혼을 하였다. 홀아비는 자기 애들은 이미 다 커서 시집, 장가를 갔기 때문에 자신과 결혼하여 남은 생을 젊은 신혼부부처럼 알콩달콩 살아 보자며 꿀을 들이부었다. 그 무렵 그녀는 힘든 식당일에 너무 지쳐 있었기 때문에 청혼을 선선이 받아들여 홀아비의 집에 들어가 살게 되었다.

처음 서너 달간은 별 다툼 없이 그럭저럭 지나갔다. 그런데 일정한 직업이 없는 홀아비는 낮부터 술을 마시고 집에 들어와 그녀에게 불필요한 잔소리를 하기 시작하였다. 그녀가 제발 술을 그만 마시고 아무 일이라도 해 보라고 하자 홀아비는 욕설을 하면서 그녀에게 손찌검을 하였다. 그녀는 홀아비와 함께 있는 시간이 많아 부부싸움을 하는 것이라고 생각하여 다시 식당에 취업하였다. 낮에 집에 혼자 있게 된 홀아비는 더욱 술을 자주 마시고 밤늦게 귀가한 그녀에게 잔소리를 늘어놓았다. 그녀가 항의라고 할라치면 차마 입에 담지 못할 욕설과 함께 무자비한 폭행을 가하였다. 그래도 그녀는 시간이 흐르면 나아질 것이라 믿으면서 꾹 참고 견뎠지만, 홀아비의 욕설과 폭행은 습관처럼 계속되었다.

　그러던 어느 날 그날도 홀아비는 술에 만취하여 아무런 이유도 없이 욕설을 하고 심하게 폭행을 하였다. 그녀는 홀아비가 잠들기를 기다려 이삿짐 포장용 청테이프로 홀아비의 온몸을 칭칭 감아 움직이지 못하게 만들어 놓았다. 몸을 움직이지 못하게 된 홀아비는 곧 잠에서 깨어나 당장 테이프를 떼라고 소리쳤다. 그녀는 앞으로 자신에게 욕하지 않고 때리지 않겠다고 약속을 하면 풀어 주겠다고 했다.

　그러나 홀아비는 여자의 요구에 대하여는 아무런 답을

하지 않고 그저 죽여 버리겠다고 악을 쓰며 온몸을 흔들었다. 그녀는 홀아비가 자신을 정말 죽일지도 모른다는 생각이 순간 머리에 스쳤다. 덜컥 겁이 난 그녀는 이불장에서 이불을 꺼내 홀아비에게 씌웠다. 숨 쉬는 것도 힘들어진 홀아비가 더욱 요동을 치자 그녀는 텔레비전에서 허리통증을 완화하는데 효과가 있다고 하여 구입한, 홍두깨처럼 생긴 원통형 나무를 가져와 이불에 덮여있는 홀아비를 정신없이 때리기 시작하였다.

얼마쯤 지났을까. 이불 밖으로 삐져나온 홀아비의 손이 축 늘어져 있는 것을 발견한 그녀가 정신이 들어 이불을 제쳐 보니 홀아비는 이미 숨이 끊어져 있었다.

그녀는 거실에 걸려 있던 달력에서 한 장을 떼어 그 뒷면에 그동안 홀아비와의 결혼생활과 범행경위에 관하여 자세히 쓴 다음 이불장의 문짝 한가운데에 붙여 놓았다. 그런 후 천장에 끈을 달아 자신의 목을 매었다. 하지만 끈이 끊어지면서 자살에 실패하였다. 그녀는 몇 시간 동안 그 자리에 앉아 고민을 거듭하다가 경찰서를 찾아가 자수를 하였다.

영장실질심문 당시 범행의 구체적 경위에 관하여 묻자 그녀는 마치 사건을 목격한 제3자처럼 차분하게 진술하였으나, 얼굴 표정은 매우 착잡하였다.

이 사건과 조금 다른 얘기지만 우리나라 고용주 중에는 외국인근로자들을 업신여기고 함부로 대하는 사람들이 적지 않다고 들었다. 외국인근로자들 중 상당수는 신분이 불법체류자이어서 억울한 일을 당해도 합법적인 구제절차에 호소하는 것 자체가 사실상 불가능한 경우가 많다. 하지만 그들에게 합법적인 절차를 통한 구제방법을 마련해 주지 않는다면, 억울한 일을 당한 그들은 비합법적인 수단에 의지할 수밖에 없게 되고, 그렇게 되면 양쪽 모두에게 참담한 결과가 발생할 가능성이 있다.

부장님 경험담 잘 읽어보고 갑니다. 너무 안타까운 사연이네요.
○○○
2021-12-17

부장님의 소중한 경험담 잘 읽어보고 있습니다.
요즘 심심찮게 나오는 기사가 심각한 저출산으로 인하여
2070년경 우리나라 인구가 3천만명대로 감소한다는
것이었습니다. 관계부처에서는 이에 대한 대비책으로 다양한
정책들을 내놓기에 앞서 일자리나 결혼을 기화로 찾아온
외국인들을 잘 보듬어주는 것이인구감소나 범죄예방에 큰 도움이
되지 않을까 싶습니다.

부장님께서 게시글의 제목으로 쓰신 "약자의 저항"은 외국인
근로자의 입장에서는 법보다는 주먹일 것이라는 생각이 듭니다.

얼굴빛이 다르고 언어가 다르고 못사는 나라에서 왔다는 이유로
차별받고 무시당하며 임금조차 제대로 못받는 외국인이 법대로
해본들 자기네들 말을 제대로 들어주지 않으리라는 선입견이
있을 것입니다.

엊그제 변호사회에서 법관들을 평가한 내용을 인터넷 기사에서
보았습니다. 감당하기 벅찬 수많은 사건으로 지쳐있으니 한편으로
이해되는 면도 있지만, 사회적 약자나 오갈데 없는 사람들의
하소연이라도 잘 경청해 준다면 인권의 최후 보루기관으로서
사법부의 신뢰는 자연스럽게 회복될 것이라 봅니다.
- ○○○

유익비

　임대차관계에 있어서 유익비란 임차인이 임차목적물을 개량하기 위하여 지출한 금액을 말하는데, 그 가액의 증가가 현존하는 경우에 한하여 임대인의 선택에 따라 그 지출 금액이나 증가액의 상환을 청구할 수 있다. 흔히 유익비청구는 건물명도소송에서 임차인의 항변으로 주장된다.

　임차인이 가지는 이러한 유익비상환청구권은 임차목적물의 명도의무와 동시이행관계에 있기 때문에 명도를 지연하는 수단으로 악용되는 경우가 많다. 이에 대비하여 임대인은 애당초 임대차계약 체결할 때 임대차계약 종료시 원상회복 약정을 함으로써 유익비 상환청구권을 사전에 포기하도록 한다.

　아무튼 임차인이 유익비 주장을 하게 되면 유익비 사전포기가 명백하게 인정되는 경우가 아닌 한, 임차인의 주장처럼 당해 건물의 객관적 가치가 증가되었는지, 증가되었다면 그 액수가 얼마나 되는지의 확인을 위해 현장검증과 시가감정을 하게 된다.

　목욕탕과 음식점이 들어 있는 건물의 주인이 주식에 손

을 댔다가 크게 실패하는 바람에 건물이 경매에 부쳐진 사건이 있었다. 목욕탕 업주와 음식점 업주는 갑작스런 경매로 보증금을 받지 못하고 쫓겨날 상황이 되자 서로 낙찰받으려고 경쟁하였는데, 음식점 업주가 근소한 차이로 낙찰을 받아 건물주가 되었다. 음식점 업주는 목욕탕 업주에게 새로 임대차계약을 체결하자고 하였으나, 목욕탕 업주는 제시된 조건으로는 계약할 수 없다면서 응하지 아니하였다. 그리되자 음식점 업주는 명도소송을 제기하였다.

목욕탕 업주는 지난 10여 년간 목욕탕을 운영하면서 목욕탕 내에 각종 시설 집기 대부분을 교체하였고, 특히 쑥탕 등 사우나시설을 하느라 1억 원 이상을 지출하였는데, 그 지출액은 전부 목욕탕 시설을 개량하기 위하여 지출한 비용(유익비)에 해당한다며 현장검증 및 유익비 감정을 신청하였다.

검증기일 목욕탕에 도착하여 남탕인 3층부터 들어가 보니 목욕탕 업주는 사전 약속과 달리 영업을 하고 있었다. 아무리 남탕이라도 손님들이 벌거벗고 목욕하는데 검증을 하는 것은 미안한 일이라 서둘러 마치고 나왔다.

목욕탕 업주에게 여탕은 영업을 하고 있지 않음을 확인하고 2층 여탕 문을 열었다. 과연 수증기만 자욱할 뿐 사람은 보이지 않았다. 여탕 내 이곳저곳을 살피다가 마지막으로 시설비가 제일 많이 들었다는 쑥탕 쪽으로 다가갔다. 갑자기 '끼악' 하는 여자들 비명소리가 들렸다. 목욕탕 업주는 영업을 계속하다가 검증을 하는 동안에만 여자 손님들을 쑥탕에 들어가 있도록 한 것이었다. 함께 여탕에 들어갔던 참여관, 목욕탕 업주 대리인, 상대방 대리인, 감정인 모두 황급히 그곳을 빠져나왔다.

경매로 인해 보증금을 한 푼도 받지 못하고 목욕탕을 비워 주어야 하는 목욕탕 업주의 절박함을 생각하면 그의 처사가 전혀 이해가 가지 않는 것은 아니다. 하지만 영문도 모르고 목욕하던, 특히 여자 손님들을 생각하면 아무래도 지나친 것이라 아니 할 수 없다.

이 사건에서 유익비로 인정된 것은 목욕탕 업주가 시행한 공사 중 잔존가치가 객관적으로 인정되는 소액에 그쳤고, 그마저도 낙찰 이후의 월세 상당액, 수도요금과 상계를 하니 실제로 목욕탕 업주가 받아갈 돈은 거의 없었다.

부장님 좋은 글 잘 읽었습니다. 신문 같은데 칼럼으로 연재하셔서 많은 사람들이 읽을 수 있다면 더 좋을듯 합니다.
○○○
2021-12-18

오늘도 잘 읽었습니다. 부장님.
○○○
2021-12-17

재미 + 공부 + 세상사
삼박자의 조화가 있는 단편, 잘 읽고 있습니다^^
○○○
2021-12-17

잘 읽었습니다. 감사합니다. ^.^
○○○
2021-12-17

올려주시는 글 잘 읽고 있습니다. 기회가 되면 전자책으로라도
출간하심 어떨까요. 소장하고 싶습니다.
>_○○○
2021-12-16

매번 좋은 글 감사합니다~ :)
○○○
2021-12-16

부장님께서 올리시는 본글과 같은 구체적인 사례는
흥미도 있으면서 실무에 많은 도움이 될 것 같습니다.

사무관 승진 공부할 때의 일이었습니다.
늦은 밤까지 혹은 휴일에 공부하고 청사를 나서면서
9층 이상 판사실 곳곳에 불이 켜진 것을 보고서
얼마나 힘들고 외로울까 생각한 적이 있었습니다.

옆집처럼 대형사건의 조사 일정을 휴일날 잡으면,
각종 언론에서 대서특필하니 대외적으로 알려지기라도 하지만,
법관들의 결론 도출까지의 고뇌의 시간은 참 외로울 것 같습니다.

10여 년 전 소액재판부 참여관 시절의 일이었습니다.
그 당시 판사님(총각이셨고 성격이 다소 급하신 편이었음)께서
법정에서 조정이 되지 않은 사건을 조정에 회부한 적이 있었는데,
조정위원 섭외도 마땅치 않아 제가 한번 해보겠다고 하고서
조정실에서 양당사자를 설득하여 조정시킨 적이 있었습니다.

법관과 일반직의 관계는 상호 보완할 수 있는 관계임에도
결재권자의 일방적인 의사에 의하여 설정되어진 관계라면
순간적이고 무땅건조한 형식적인 관계에 그칠 것입니다.

대외적인 사법부 신뢰를 회복하기에 앞서
사법부 구성원끼리의 신뢰회복이 간절한 시기인 것 같습니다.
○○○
2021-12-16

항상 좋은 글 감사드립니다!
○○○
2021-12-16

재물의 운용역량

아무리 좋은 물건이라도 그것을 소유한 사람이 제대로 운용할 수 있는 역량을 갖추지 못하였다면 그 물건은 오히려 소유자에게 독(毒)이 될 수 있다는 평범한 진리를 생각나게 한 사건이 있다.

BMW는 기동력이 우수한 승용차로 널리 알려져 있다. 또 다른 고급차종인 벤츠가 안전을 최우선시한다면, BMW는 운행성 내지 기동성을 가장 중시하기 때문에 중년 이상은 벤츠를 선호하고, 젊은 층은 BMW를 더 좋아한다는 말이 있다.

아무튼 BMW 5시리즈를 서울서 구입하여 고속도로 하행선을 타고 내려오던 30대 운전자가 있었다. BMW 운전자는 1차로를 이용하여 시원하게 고속주행을 하고 싶었으나 그 전방에 대형트럭이 그리 빠르지 않은 속도로 주행을 하고 있었다. BMW 운전자는 몇 차례 번쩍번쩍 전조등을 깜빡였지만 트럭 운전자는 꿈쩍도 하지 않았다.

화가 난 BMW 운전자는 1차로에서 2차로로 차선을 변경하여 트럭과 나란히 달리면서 트럭 운전자에게 심한 욕설을 퍼붓고는 가속을 하면서 트럭 앞으로 홱 끼어들었다. 트럭 운전자는 자신보다 나이가 어려 보이는 BMW 운전자로부터 욕설을 듣게 되자 격분하여 차선을 2차로 변경하여 BMW 옆쪽으로 달리면서 트럭으로 BMW를 중앙분리대 쪽으로 밀어붙이기 시작했다.

더욱 화가 난 BMW 운전자는 다시 가속을 하여 2차로 차선을 변경, 주행 중인 트럭 앞으로 다시 진입한 후 급브레이크를 밟았다. 트럭 운전자는 그런 사태를 어느 정도 예상할 수 있었기 때문에 있는 힘껏 브레이크를 밟아 BMW와의 추돌사고를 가까스로 면할 수 있었다. 하지만 트럭 뒤를 따라오던 또 다른 대형트럭 운전자는 갑자기 정차한 선행 트럭의 후미 부분을 정면으로 추돌, 현장에서 사망하고 말았다.

이 사건은 이른바 '죽음을 부른 추월경쟁'이라는 제목으로 여러 일간지에 게재되어 세간에 상당한 화제가 되었다. 그런데 얼마 후 당초 BMW 조수석에 앉았던 것으로 알려진 차량 소유자가 실제 운전을 하였고 원래 운전을 하였던 것으로 알려진 청년은 조수석에 있었던 것으로 밝혀져 다시 한 번 매스컴의 조명을 받았다.

재판당시 조수석에 앉았던 청년에게 왜 자신이 운전을 하였다고 했느냐고 묻자 그는 평소 실제 운전자(소유자)가 잘 해주어서 신세를 갚으려고 그랬다, 실제 운전자로부터 그런 부탁을 받은 적은 전혀 없다는 믿기 어려운 답변을 하였다. 한편 트럭이 BMW를 밀어붙였다는 청년의 명백한 진술에도 불구하고 트럭 운전자는 그런 적이 없다고 부인하였고, BMW를 실제로 운전한 소유자는 그런 내용에 대하여는 당시 경황이 없었기 때문에 잘 기억나지 않는다고 진술하였다. 그들이 저지른 행위의 위험성, 중한 결과를 고려하여 모두에게 무거운 형을 선고하였다.

만일 사고를 야기한 운전자가 운행한 차량이 BMW가 아닌 평범한 승용차였다면 어땠을까. 아마 그처럼 위험하게 운전하지는 않았을 것이다.

_____

마음이 순수하고 아름다운 어린이에게 구급차를 운전대를 맡겨서는 안 되는 이유를 알 것 같네요.
　○○○
　2021-12-27

최근에 부산에 람보르기니 차주가 달리는 옆 차에 커피를 던진 사건이 뉴스에 났죠. 아파트에서도 주차 등 문제로 갑질을 계속 했던 사람으로 유명하더군요. 차량이 람보르기니가 아니었다면 그렇게 안하무인으로 행동할 수 있었을까 하는 생각을 했기에, 재물의 운용역량에 대한 좋은 글에 공감하고 갑니다.

○○○
2021-12-23

BMW 운전자의 행동도 믿기 어렵지만 고속도로에서 굳이
1차선으로 운전해 간 대형 트럭 운전사도 이해가 안가네요 ㅜ.
특히 대형트럭이 앞에 있는 경우 시야 확보가 어렵고 속도도
느리기 때문에 다른 승용차 운전자들에겐 큰 방해 요소가 된다고
봅니다.
2차선이 비어 있었다면 차선 변경을 바로 하는 것이 모두가
안전한 운행이 될 수도 있었을 것입니다.
○○○
2021-12-23

참으로 깊이 있는 글들을 올려 주시는 강태훈 판사님의
직원조회를 클릭해 보게 됩니다.
감사드립니다.
○○○
2021-12-22

돈을 버는 것만큼이나 인격수양도 중요하다는 사실을 배워갑니다.
○○○
2021-12-22

항상 잘 읽고 있습니다. 부장님이 올려주시는 글이
기다려집니다.^^
○○○
2021-12-22

부장님. 잘 읽었습니다. 오늘은 이 글을 읽으면서 주제와는

다르지만 매일 운전하는 운전자의 한사람으로서 겸손과 배려를 배웠습니다.
　○○○

크리스마스의 추억

영장실질심사란 판사가 구속영장이 청구된 피의자를 대면하여 심문을 하고 구속 여부를 결정하는 제도를 말하는데, 심문과정에서 피의자는 직접 판사에게 자신의 무고함이나 정상을 호소할 수 있다. 실제로 이 제도가 채택된 1997. 1. 1. 이후 서류로만 영장발부 여부를 심사하던 이전에 비하여 영장발부율이 현저하게 낮아졌다. 우리나라 형사사법제도를 이 제도의 도입 전과 후로 나눌 수 있다는 말이 있을 정도로 헌법에 규정된 신체의 자유를 실질적으로 보장하는데 큰 역할을 하고 있다.

이 제도가 도입되고 몇 해 지나지 않은 크리스마스 날이었다. 휴일이라 난방이 신통찮은 심문실에 얼굴이 파랗게 질린 피의자가 대기하고 있었다. 영장피의사실은 피해자를 3박4일 동안 호텔에 감금하고 수차례 성폭행을 하였다는 것이었다. 피의사실에 부합하는 증거로는 피해자에 대한 진술조서, 피의자가 소지한 가방에 들어 있던 캠코더와 노끈, 수갑 등이 있었다.

피해자는 술에 취한 상태에서 피의자의 꼬임에 빠져 호텔에 투숙하였는데, 피의자가 며칠 동안 그녀를 호텔에서 나가지도 못하게 하고 여러 차례 성폭행을 하면서 캠코더로 촬영을 하기도 하고 그녀의 얼굴에다 소변을 보는 등 변태적인 행위를 하였다고 주장하였다. 피해자의 그러한 진술은 상당히 구체적이었다.

반면에 피의자는 자기는 사법시험을 준비하고 있는데 공부가 잘되지 않아 바닷가를 여행하던 중 피씨방에서 우연히 피해자와 채팅을 하다가 서로 마음이 맞아 호텔에 투숙을 하고 성관계를 가지게 된 것일 뿐 결코 피해자를 감금하거나 성폭행을 한 것이 아니라고 범행을 극구 부인하였다. 범행도구로 압수된 캠코더와 노끈, 수갑에 대하여는 재미삼아 이전에 보았던 음란물을 흉내내려고 준비는 하였지만 실제로는 사용하지 않았고, 피해자가 주장하는 변태적 행위를 한 적이 없다고 주장하였다.

그런데 캠코더에 담긴 테이프에는 녹화된 영상이 없었으며 상해 부위를 찍은 사진에는 단지 왼쪽 어깨 부위에 찰과상 같은 것만 보일 뿐 수갑이나 노끈에 의하여 생긴 상처는 없었다(피해자 어깨에 난 상처에 대하여 피의자는 성행위를 하다가 흥분하여 입으로 빨아서 생긴 것이라고 변명하였다). 당시 호텔방을 청소했던 아주머니는 피해자가 감금되어 있다는 낌새를 채지 못하였다고 진술하였고, 피해자 스스로도 호텔 마당을 피의자와 함께 산책을 한 적이 있고 둘이서 호텔 밖에 있는 제과점을 다녀온 적도 있다고 하였다(피해자는 그 당시 너무 겁을 먹고 있었기 때문에 감히 신고할 엄두를 내지 못하였다고 진술하였다).

그날 출근한 옆방 형사단독 A판사에게도 의견을 구하는 등 숙고를 거듭하다가 결국 피의자의 방어권 보장과 초범인 점 등을 감안하여 영장을 기각하였다. 그런데 며칠 후 A판사가 건네준 신문에는 놀랍게도 피의자가 석방되자마자 자신을 조사했던 경찰관을 찾아가 직무수행 중인 그의 뺨을 때려 공무집행방해죄의 현행범으로 체포되었다는 기사가 실려 있었다.

피의자가 오죽 억울했으면 그랬을까 하는 생각이 들면서도 영장이 기각된 마당에 자신을 조사했던 경찰관을 굳이 찾아가 뺨까지 때릴 정도라면 피의사실과 같은 범행을 정말 저질렀을지도 모르겠다는 생각이 머리를 스쳤다.

재범의 위험성이 구속의 요건이라면 영장법관들은 예언하는 능력도 있어야겠죠?
부장님이 평범한 사람이어서 참으로 넉넉한 세상입니다!

2021-12-27

오늘도 좋은 얘기 잘 읽었습니다.
○○○
2021-12-27

생동감 넘치는 조서

　민사소송 중에는 '제3자이의의 소'라는 것이 있다. 이를 간단히 설명하면 강제집행이 진행 중인 재산이 채무자 아닌 제3자의 것이기 때문에 그 제3자가 원고가 되어 강제집행의 불허를 구하는 소송이다. 흔히 채무자는 실제로 자신의 재산인데도 강제집행을 모면할 생각으로 자신과 가까운 친지 등을 내세워 그 타인으로 하여금 이 소송을 제기하도록 하는 경우가 많다.

　꽤 오래 전 민사재판을 할 때의 일이다.

　그 당시 원고는 채무자의 형이었다. 그의 주장에 의하면 현재 압류집행을 당한 제트스키 등의 값비싼 장비는 동생 것이 아니라 자신의 것인데 자신이 동생 집에서 기거하고 있었던 까닭에 집행관이 위 장비가 동생의 것으로 오인하여 압류했다는 것이었다.
　원고에게 위 제트스키 등을 팔았다는 판매점 점원들이 원고 측 증인으로 줄줄이 나와 원고가 물건을 샀다는 취지의 증언을 하였다. 증인신문을 마치고 원고에게 동생은 현재 어디에서 살고 있느냐고 물어보았다. 원고는 동생이 어디에 있는지 모른다고 답했다.

그랬더니 피고 측 소송대리인(금융기관 직원)은 바로 방청석 뒤쪽에 앉아 있다고 했다. 그 재판이 그날 마지막 재판이라 방청석에는 한 사람밖에 없었다. 내가 그 방청객에게 원고의 동생, 즉 채무자가 맞느냐고 물었다. 그는 묵묵부답이었다. 두어 차례 더 묻자 그는 벌떡 일어나 "판사님이 나한테 그런 걸 물어볼 권한이 있습니까?"라고 외치고는 법정 밖으로 뛰다시피 나갔다.

 그 당시 참여관은 법원 내에서 총명하기로 이름난 여자 분이었는데 며칠 후 작성해 온 변론조서를 보니 『…판사가 법정 방청석에 앉아 있는 사람에게 원고의 동생이냐고 물은즉, "판사님이 내게 그런 것을 물어볼 권한이 있느냐"며 법정 밖으로 도망치듯 나가다.』라고 기재되어 있었다.

 얼마 후 원고 패소판결을 선고하였고 이에 원고가 항소를 하였지만 항소기각되어 위 판결은 그대로 확정되었는데 그렇게 된 데는 위 조서가 한 역할을 하였을 것으로 짐작된다. 재판기록, 특히 변론조서에 판사의 심증을 형성하게 하는 법정분위기를 나타내기 쉽지 않다. 그 때문인지 확고한 심증을 가지고 판결을 한 것도 상급심에서 파기되는 경우가 가끔 있다. 그렇지만 위와 같이 조서가 법정분위기를 그대로 나타내 준다면 상급심이 하급심의 심증형성 경위를 이해하는 데 많은 도움이 될 것으로 생각된다.

생동감 넘치는 조서가 심증 형성에 한몫을 했네요. 잘 배웠습니다. ^0^
　　○○○
　　2021-12-30

고객님...당황하셨군요~
　　○○○
　　2021-12-29

조서를 찢고 나온 애니메이션! 잘 보았습니다^^
　　○○○
　　2021-12-27

사법보좌관 ○기 독수리 오형제 아니 독수리 오자매 중 한 명인 ○○○ 과장님~!! 보좌관 교육받을때도 한 미모, 한 총명 하셨는데
역쉬 어려서부터 총명하셨군요~~
부장님 덕분에 한번 웃고 갑니다^~^
좋은 글 감사드립니다~
　　○○○
　　2021-12-27

○○○ 과장님 센스쟁이로 임명합니다.
　　○○○
　　2021-12-27

총명하기로 이름난 여자 분..이 누구신지 정말 궁금했는데, 그

주인공이 바로 ○과장님이셨군요..
역시 ○○○과장님!!
'도망치듯 나가다'에서 깊은 감명을 받았습니다. ㅎㅎ. 새해 복도 많이 받으시길요..
　　○○○
　　2021-12-27

강 부장님 잘 계시지요? 이 에피소드의 주인공 ○○○입니다^^
강태훈 부장님과 신규 계장으로서 한팀이 되어 열정적으로
일했던 것이 엊그제 같은데 벌써 20여 년이 다 되어가는군요.
요즘 부장님이 올려주시는 따뜻한 글 덕분에 많이 웃고, 초심자의
마음으로 되돌아가기도 합니다. 잊고 있었던 추억 한 자락
꺼내주신 부장님께 감사드리며 한해 잘 마무리 하시길 바랍니다
　　○○○
　　2021-12-27

가끔 법정의 상황을 묘사하고 싶어도 당사자들의 말만 가지고는
그 현장을 표현할 수 없었는데, 기회가 된다면 저도 생동감
넘치는 조서를 작성해 보고 싶다는 충동을 느꼈습니다. 많이
웃었습니다~ ;
　　○○○
　　2021-12-27

2004년 어느 민사합의부 현장검증....당시 일조권 침해를 이유로
한 공사중지 사건이었는데, 사무관님이 "창 밖을 바라보니, 상당히
'난'하였다..."라고 조서에 기재하셨던 기억이 나네요^^ 살아 숨
쉬는 조서 참 좋죠~~
　　○○○

희망의 두 가지 뜻

　형사재판을 하다보면 특히 판결선고를 앞두고 피고인들로부터 많은 탄원서(진정서)를 받게 된다. 공소사실을 자백하는 피고인이 제출하는 탄원서에는 대체로 자신의 잘못을 반성하고 있다는 것 외에도 법정에서 차마 진술하지 못했던 범행에 이르게 된 경위, 자신의 가족관계 등과 같은 정상이 기재되어 있다. 그런데 그 탄원서 중에는 정말 잘 쓴 것들도 있어서 이러한 피고인이 문학수업에 정진하였더라면 훌륭한 작가가 될 수도 있지 않았을까 하는 생각이 들게끔 하는 것도 있다. 어쨌든 구금된 피고인들이 작성하는 탄원서 중에 자주 등장하는 단어 중에 하나가 희망이다. 국어사전을 찾아보면 희망에는 두 가지 뜻이 있다.

　1. 희망이란 단어의 첫 번째 뜻은 "앞일에 대하여 어떤 기대를 가지고 바람"인데, 우리가 흔히 어려운 처지에 놓인 사람들에게 격려하는 취지에서 희망을 가지라고 말할 때 그 희망은 바로 이러한 의미일 것이다. 교도소와 같이 구금시설에 갇혀 있는 사람들에게 장래 벌어질 일에 대하여 어떤 기대를 하고 바라는 바가 없다면, 수용생활을 하는 그들의 삶은 정말 견디기 힘들 것으로 생각된다.

… 비록 한 번의 실수로 이렇게 모든 것을 잃고 무너져 버렸지만 지금 제게 주어진 반성의 시간들을 지내고 나면 희망이라는 글자가 제 삶에도 다시 찾아와 주겠지요. 다시 일어설 수 있을 거라는 희망, 제게 상처받은 친구들에게 용서를 빌고 진심을 다하게 되면 다시 내 손을 잡아 줄 것이라는 희망, 그리고 저로 인해 너무나 힘든 어머니에게 든든한 버팀목과 같은 착한 딸이 되겠다는 희망, 이 희망들이 꿈이 아닌 현실이 될 수 있도록 제가 열심히 노력하겠습니다. 오로지 제 자신이 노력해야만 이룰 수 있는 일들이기에 어느 누구한테 기대지 않고 바라지 않고 스스로 만들어 가겠습니다. …

　위 글은 사업을 하기 위해 친구들로부터 차용금 명목으로 감당키 어려운, 즉 변제할 능력을 초과하는 많은 돈을 빌렸다가 갚지 못해 사기죄로 피소, 구속 기소되어 재판을 받던 여자 피고인이 작성한 탄원서 중 일부이다. 위 탄원서는 피고인이 가슴 절절히 반성하면서 장래에 대한 희망을 잃지 않고 열심히 살겠다고 다짐하는 모습을 잘 보여준다.

　2. 희망의 두 번째 뜻은 "앞으로 잘 될 수 있는 가능성"인데, 이러한 의미에서의 희망이 근거 없는 낙관주의와 결합되면 낭패를 보게 될 위험이 있다. 그러므로 이러한 종류의 희망은 그 실현가능성에 대하여 치밀한 검토에 의하여 뒷받침되어야 한다고 생각한다.

… 가게들을 하는 사람들이 다 그렇겠지만 저희는 오늘은 힘들었지만 내일은 더 나아지리라는 희망을 가지고 가게를 계속 운영하였습니다. 가게를 잘 운영해서 (빌린 돈을) 갚으려고 했는데 현실은 그렇지 못했습니다. 저희 입장에서는 그 희망이 결국은 독이 된 결과가 되었습니다. …

　위 글은 지인들로부터 돈을 차용하여 가게를 확장하였는데, 예상과 달리 매상이 오르지 않았지만 포기하지 아니하고 계속 지인들로부터 돈을 빌려 가며 악착같이 가게를 운영하다가 결국 더 큰 빚을 지고 파산하는 바람에 돈을 빌려 준 사람들에게서 사기죄로 피소, 구속 기소되었던 피고인이 작성한 탄원서 중 일부이다. 앞서 말한 바와 같이 실현가능성에 대한 충분한 검토 없이 이런 형태의 희망에만 의존하여 어떠한 행위를 계속한다면 당초 의도와는 달리 주변 사람과 자기 자신에게 자칫 큰 피해를 입게 할 수 있다고 여겨진다.

　코로나로 인해 다들 어려움을 겪고 있는 속에서도 새해가 밝아옵니다. 새해에는 우리 삶이 보다 나아질 것이라는 기대를 가지고 각자의 일을 추진하되 그러한 기대가 실제로 가능할 수 있도록 각기 처한 구체적 상황에 대하여 객관적 평가와 치밀한 준비를 하여야 할 것으로 여겨집니다.
　새해 복 많이 받으십시오.

말씀하신 '희망'의 의미를 떠올리며 조심스럽게 새해를 맞이해나가겠습니다. 감사합니다. 부장님, 새해 복 많이 받으십시오.
 ◯◯◯
 2022-01-03

사려깊으신 부장님..... 2022년은 코로나 종식이 되지 않고는 행복할 수 없습니다.
접종율이 높을수록 중환자가 많아지는 백신의 허구에 대하여. 한번쯤 고민해주시면 감사하겠습니다.
무증상환자라는 신조어가 세상을 코미디로 만들고 있습니다.
 ◯◯◯
 2021-12-31

부장님의 좋은 글들, 항상 잘 읽고 있습니다. 그리고 새해 복 많이 받으세요. 요즘은 문예광장에 포근하고 생각을 주는 좋은 글들이 많아 추운 겨울 같지가 않습니다. 따뜻한 글로 생각의 꽃들을 피워주셔서 항상 감사드립니다.
 ◯◯◯
 2021-12-29

부장님! 올려주시는 글 잘 읽고 있습니다. 이해하기 쉬운 언어로 풀어주셔서 감사합니다. 새해 복 많이 받으세요!^^
 ◯◯◯
 2021-12-29

오늘도 좋은 글 잘 읽었습니다. 새해 복 많이 받으세요~!

○○○
2021-12-29

2022년에는 인생의 유일한 희망인 로또가 되었으면.. 하는 희망을 가져봅니다
○○○
2021-12-29

부장님께서 게시하신 위와 같은 재산범죄에 대하여는
검찰에서도 기소 전 조정절차를 거치는 제도가 있더군요.
사건의 근본적인 해결을 위해 이런 제도까지 도입하였으면
사기의 범의가 있었느냐 여부는 추후 법리적으로 면밀히
따지더라도
가해자가 피해회복에 힘쓰도록 독려하는 것이 중요하다고
생각되는데,
사기 피해자들 중 일부는 사기꾼보다 수사기관의 행태(사기꾼을
'선생님'이라고 호칭하며 두둔하는 듯한 태도 등)가 더
괘씸했다고 하니
정말로 무엇을 위하고 누구를 위한 수사기관인지
의문스러웠습니다.
사법부만큼은 억울한 사람들이 기댈 수 있는 최후 국가기관이니
　　이러한 사람들의 이야기를 경청해 주어 똑같은 결론이
나더라도
　　그 이유라도 구체적으로 밝혀준다면 누구든 납득하리라
생각됩니다.
　　부장님께서 퇴직 전 올리시는 이러한 경험담이 좋은 밑거름이
되어
　　법원만큼은 신뢰할 수 있는 유일한 곳이라는 "희망"을
가져봅니다.

새해 복 많이 받으시길 소망합니다.
○○○
2021-12-29

삶의 온도가 느껴지는 글 잘 읽었습니다. 직장이 우정을 나누는 곳이 아니라 생존을 나누는 곳이 되어버린 현실이 가슴 아프지만! 새해에는 건강하시고 복 많이 받으시길 기원합니다.
○○○
2021-12-29

"앞으로 잘 될 수 있는 가능성" 이라는 뜻은....어쩌면 확률적인 부분이 크다고 생각합니다. 그 가능성이 높다면 기대감과 함께 기다리는 과정이 즐거울 것이고, 그 가능성이 낮다면 차츰차츰 실망으로 변해가는 고통의 과정이 될 것 같습니다. 더욱이 전자의 흐름을 타다가 후자로 변화하게 되면 흔히 말하는 인생의 쓴맛을 느끼게 된다고 표현하더군요. 많은 생각이 들게 하는 글이었습니다. 개인적으로는 예전의 기억들이 떠오를것과 동시에, 다가오는 새해에 흔히 쓰일 '희망'이라는 단어의 무게감이 느껴집니다. 객관적 평가와 치밀한 준비...좋은 글 감사드립니다.
○○○
2021-12-29

희망이란 단어를 많은 곳에서 보고, 또 저도 사용했지만 그 사전적 의미에 대해서는 처음 알게 되었습니다. 고등학교때도 영어사전만 찾아봤지 국어사전에 대해서는 특별히 찾아본 적이 없는데 이러한 저의 습관이 책을 읽을 때 작가의 의도를 완벽히 이해하는데 방해가 되지 않았을까 라는 생각이 머리를 스칩니다. 그와 별개로 위 얘기를 보고 희망에 대해서도 다시 생각을 하게 됩니다. 희망이란 준비된 사람에게 찾아오기 마련인데, 저는

준비를 하지 않아서 이미 많은 희망을 놓쳤다 생각합니다. 이러한
과거를 후회하기 보다 부장님께서 말씀하신 것처럼 저에 대한
객관적 평가 및 준비를 철저히 해서 새해에는 희망을 놓치지
않도록 노력해야겠습니다.
오늘도 좋은 글 적어주셔서 감사합니다. 부장님.
새해 복 많이 받으십시오.
　　○○○
　　2021-12-29

오늘도 잘 읽었습니다. 새해 복 많이 받으세요. ^—^
　　○○○
　　2021-12-29

공감합니다. 새해 복 많이 받으세요~^^
　　○○○

선덕여왕과 편견

1. 삼국유사와 삼국사기

　어린 시절 구독한 학습지에는 선덕여왕과 모란꽃 이야기가 『중국에서 모란 꽃씨를 보내왔는데 공주는 그 꽃에 향기가 없을 거라고 하였다. 꽃씨를 심어 보니 과연 향기가 없었다. 임금이 공주에게 어떻게 향기가 없는 것을 알았냐고 물었더니 공주는 꽃씨와 함께 온 그림에 나비가 그려져 있지 않았기 때문이라고 했다. 임금을 비롯한 주위 사람들은 모두 공주의 영리함에 탄복하였다.』는 식으로 쓰여 있었다. 그래서 한동안 위 이야기를 선덕여왕의 공주시절 이야기로 알고 있었다.

　그런데 「삼국유사」를 보니 『당태종이 붉은색, 자주색, 흰색의 세 가지 색깔로 그린 모란꽃 그림과 함께 꽃씨 석 되를 보냈다. 왕은 그림을 보고 "이 꽃은 필시 향기가 없을 것이다."라고 하면서 뜰에 심도록 명하여 꽃이 피기를 기다렸더니 과연 그의 말과 같았다. … 신하들이 왕에게 모란꽃에 향기가 없는 것을 어떻게 알았느냐고 묻자 "그림에 나비가 없었으므로 향기가 없음을 알았다."고 하였다.』라고 쓰여 있었다. 즉 모란꽃 이야기는 선덕여왕이 왕이 된 후에 있었던 사건으로 되어 있었다. 그래서 공주 때의 일이라고 했던, 어린 시절에 봤던 학습지 내용은 엉터리라고 생각하였다.

하지만 얼마 후「삼국사기」선덕여왕 편을 읽어 보니 놀랍게도 위 학습지의 내용과 거의 같은 내용으로 시작하고 있었다. 단지 아이들 학습지에 단편적으로 실렸던 것이라는 이유로, 더욱이 '불후의고전'「삼국유사」와 내용이 다르다는 이유로 거기 실렸던 이야기가 잘못된 것이라고 쉽게 단정하였던 것이다.

혹시 그동안 진행해 온 재판에서도 이처럼 외관이 허름하다고 하여 그 내용까지 부실하다고 판단한 경우는 없었는지 생각해 본다. 당사자, 증인 등 소송관계자의 진술이 일관성이 없다거나 허술하다고 하여 심지어 그들의 직업이나 행색만으로 그들의 진술을 가볍게 배척하지는 않았는지 반대로 그들의 외모나 직업이 그럴듯하다거나 진술이 논리적이라는 점 때문에 선뜻 믿어 버린 적은 없었는지, 나아가 어떤 사건의 전개가 과거에 판결한 다른 사건 또는 자신의 개인적인 경험과 비슷하다고 하여 그것에 무리하게 끼워 맞추어 재판을 진행한 적은 없었는지 스스로 되물어 본다.

2. 지귀심화(志鬼心火)

지귀(志鬼)는 신라 활리역(活里驛)의 역졸(驛卒)이다. 선덕여왕의 아름다움을 사모하여 울고 지내다가 몰골이 초췌해졌다. 그 얘기를 들은 여왕은 불공을 드리려고 영묘사에 행차할 때 지귀를 그 절로 불렀다. 지귀는 탑 아래에서 여왕을 기다리다가 그만 잠이 들고 말았다. 영묘사에 행차한 여왕은 자고 있는 지귀의 가슴에 팔찌를 빼어 놓고 궁궐로 돌아갔다. 지귀가 잠이 깬 뒤 여왕의 팔찌를 보더니 마음의 불이 일어나 탑을 돌다가 불귀신이 되었다. 여왕은 술사(術士)에게 명하여 주문(呪文)을 짓게 하였는데 그 내용은 『지귀의 마음 속 불이 몸을 태워 불귀신이 되었구나. 창해(滄海) 밖으로 옮겨가서 보이지도 말고 친하지도 말지어다.』라는 것이었다.

이 이야기는 1215년 고려때 편찬된 해동고승전 등 여러 문헌에 산재되어 있는 수이전(殊異傳)의 심화요탑(心火繞塔) 설화이다.

지귀심화 이야기를 들으면 누구나 선덕여왕은 심성도 고운 젊고 아름다운 여왕을 떠올릴 것이다. 그런데 선덕여왕이 즉위한 해인 632년에 김춘추의 나이가 30세이고 김춘추의 어머니는 선덕여왕의 동생인 점(삼국사기에 의하면 선덕여왕의 진평왕의 맏딸이고, 김춘추의 어머니 천명부인도 진평왕의 딸이라고 하고 있으므로 결국 김춘추는 선덕여왕의 동생의 아들이다)을 감안하면 선덕여왕이 즉위당시 이미 50세를 훌쩍 넘었을 것이고 그렇다면 선덕여왕은 우리들이 떠올리는 아리따운 모습의 젊은 여왕이 아니라 할머니에 가까웠을 것이라는 추론[원작 KBS역사스페셜·글 정종목, 역사스페셜(1), 효형출판, 129~130면]을 보면 괜히 서운한 생각이 든다.

3. 독신 ?

「삼국유사」에 의하면, 앞서 본 바와 같이 당태종이 선덕여왕이 혼자 지내는 것을 놀리기 위하여 향기 없는 모란을 보냈다고 한다. 그런데 최근 일부 사학자는 선덕여왕은 남편이 셋이나 있었다고 주장한다(이종욱, 역주해 화랑세기, 소나무, 147면).

즉 선덕여왕에게 배우자가 있었는지에 관하여 삼국사기나 삼국유사에는 아무런 언급이 없다. 그러나 최근 진위 여부가 논란이 되는 화랑세기 필사본에는 선덕여왕은 공주 시절에는 김용춘(김춘추의 아버지)과 혼인하였다가 왕위에 오른 후에도 자식을 잉태하지 못하자 삼서(三胥)제도, 즉 공주가 자식을 가지지 못할 때 남편 셋을 얻게 하는 신라의 전통적인 제도에 따라 흠반과 을제를 동시에 남편으로 삼았다고 기재되어 있다.

4. 모란꽃의 향기

「삼국유사」가 됐건 「삼국사기」가 됐건 중국에서 보내온 꽃씨를 심었더니 꽃이 피었는데 선덕여왕의 예견대로 향기가 없었다는 것이다. 모란은 목본(木本), 즉 나무에서 꽃이 피는데 마치 모란을 꽃밭에 나팔꽃 심듯 꽃씨로 심을 수가 있을까? 오래전 덕수궁 뒤뜰에 피어 있던 모란꽃에서 분명히 향기를 맡았었는데 모란꽃을 잘못 알고 있었던 것은 아닐까? 야생화에 관하여 전문적 지식을 가지고 있는 S변호사에게 문의하였다. 그 분은 모란이 나무이건 풀이건 꽃은 피는 거니까 꽃씨가 있기 마련이니 그 꽃씨를 심을 수는 있겠다, 그리고 모란꽃은 진하지는 않지만 분명히 향기가 있다고 했다.

아무튼 선덕여왕, 이 분은 우리가 어떤 편견 내지 고정관념을 가져서는 아니 된다는 점을 여러 측면에서 일깨워주는 고마운 분이라고 생각하고 싶다.

거짓말

가. 당혹감

주말에 밀린 일을 하기 위해 출근하였다가 법원 앞 식당엘 갔다. 토요일이라 그런지 손님이 별로 없었다. 주문한 음식을 기다리며 신문을 보고 있는데, 종업원 아주머니가 '판사님'하면서 다가앉았다. 의아한 표정을 짓자 그녀는 며칠 전 남편 재판으로 법정에 갔다 뵈었다고 했다. 그러면서 그녀는 남편이 구속된 후 생활이 어려워 일자리를 찾다가 법원 앞 음식점에서 일을 하면 담당판사를 만날지도 모른다고 생각하여 열흘 전부터 이 식당에 나오고 있다며 반색하였다.

그녀의 말에 따르면, 사업이 어려워진 남편에게 사기꾼이 접근하여 양주를 싸게 살 수 있는 루트를 알고 있다며 함께 양주를 샀다가 되팔아 이익을 나누자는 제의를 하였고 이에 솔깃해진 남편은 가게에 설치된 값비싼 장비를 잡혀 투자를 하고 나중에는 피해자로부터 돈을 받아 투자를 하였는데, 사기꾼이 돈만 챙겨 달아났다는 것이다. 요컨대 남편은 사기범이 아니라 피해자일 뿐이라는 것이었다. 식사 후 식당을 나서는데 문밖까지 따라 나오며 부디 남편의 억울함을 풀어달라고 간곡하게 말하였다.

　피고인 처의 절절한 표정을 떠올리며, 피해자를 증인으로 불러 신문을 하고 법원에 제출된 증거를 하나하나 꼼꼼히 살펴보았는데, 결과는 피고인 내지 피고인 처의 주장과는 사뭇 달랐다. 피고인이 처음부터 사기꾼과 범죄를 공모한 것은 아니었지만, 사건 전개과정에서 사기꾼의 말이 사실이 아닐 수도 있다는 점을 충분히 인식하고도 거기서 그만두면 이미 투입한 자기 돈을 회수할 길이 영영 없어진다고 판단, 피해자에게 사기꾼이 자신에게 했던 말을 그대로 되뇌면서 투자금 명목으로 피해금액을 지급받았던 것이었다.
　놀라운 것은 열녀처럼 보이던 피고인의 처도 피해자로부터 돈을 받는 과정에서 상당한 역할을 하였다는 점이다.

　피고인이 조금이라도 가벼운 처벌을 받기 위해 법정에서 사실을 부인하거나 과장하는 것은 당연하다고 할 수 있다. 법관은 법정에서 이루어지는 피고인의 진술에 대하여 그것이 사실이 아니거나 과장된 것일 수 있다는 가능성을 항상 염두에 두고 심정적 대비를 한다.
　하지만 법정 아닌 곳에서, 더구나 거짓말을 할 가능성이 비교적 낮아 보이는 상황에서 이루어진 피고인 측 주장이 나중에 사실이 아닌 것으로 밝혀졌을 때 법관이 느끼는 당혹감은 클 수밖에 없다.

나. 속인다는 것

오래전 변호사를 할 때의 일이다. 간통사건 남자 피고인의 변호를 맡았었다. 피고인의 처는 자신의 남편이 그들이 세 들어 사는 집주인 남자에게 미움을 사 애꿎게 구속되었다고 했다. 피고인을 접견해 보니 집주인 남자가 자신(피고인)이 최근에 돈을 벌었다는 이야기를 듣고 돈을 뜯어낼 목적으로 자기와 그의 처(집주인 여자)가 간통하였다고 고소를 하였다고 했다.

공소장에는 그들이 두 번 간통을 한 것으로 기재되어 있었다. 수사기록을 보니 피고인은 간통사실을 전면 부인하고 상간녀인 집주인 여자는 이를 전부 시인하는 것으로 쓰여 있었는데 그 내용이 허술하기 짝이 없었다.

예를 들면 처음 간통하던 날 집주인 여자는 동네 이웃사람들과 함께 노래방에서 놀다가(그날 피고인의 처는 몸이 아파 함께 가지 않았다) 집으로 돌아오는 길에 여관 앞을 지날 즈음 피고인이 고갯짓을 한 번 까딱하자 별말 없이 피고인을 따라 여관으로 들어갔다고 진술한 것으로 기재되어 있었고 또한 그녀는 간통당시의 구체적인 상황묘사도 피의자신문조서를 받을 때마다 이랬다저랬다 일관성 없게 진술한 것으로 쓰여 있었다.

나는 무죄의 확신을 가지고 수사기록의 허점을 찾아내는

데 전력을 다하였고 범행현장인 여관까지 찾아가 사진을 찍어다 법원에 제출하기도 하였다.

첫 공판기일을 며칠 앞두고 집주인 여자를 구치소에서 접견하였다. 뜻밖에 그녀는 증오에 찬 목소리로 그 인간(피고인)이 아직까지도 간통사실을 부인하고 있느냐고 반문하면서 자기는 남편이 낌새를 채고 다그치는 바람에 할 수 없이 간통 사실을 고백하기는 하였는데 그 횟수를 최소한으로 줄여 두 번으로 하였다. 그동안 남편은 피고인에게 간통 사실을 깨끗이 인정하고 사과를 하면 모든 것을 다 용서해 준다고 했는데도 그는 자기 가정을 지키겠다고 간통 사실을 부인하고 있다. 이에 격분한 남편은 자신과 이혼해 버리고(접견 당시 이미 그녀는 남편과 이혼하는 것으로 이혼소송이 종결된 상태였다) 피고인의 처벌을 위해 고소를 취소하고 있지 않다고 했다.

수사기관에서의 일관성 없는 진술에 관하여 묻자 그녀는 이전에도 수없이 간통을 하였기 때문에 피고인의 고갯짓 한 번으로 여관에 들어가게 된 것이며 하도 여러 번 간통을 하다 보니 헷갈려 구체적 상황 묘사가 이랬다저랬다 한 것이라고 했다. 그러면서 그녀는 형을 살고 나가면 피고인은 그를 무죄라고 믿어 주는 처에게 돌아갈 수 있겠지만 이제 자기는 어떻게 하느냐며 통곡을 하였다. 그 말을 들은 나는 기운이 쭉 빠져 버렸다.

접견결과가 어땠냐고 묻는 피고인의 처에게 차마 집주인 여자에게서 들은 이야기를 그대로 전해 줄 수는 없었다. 그 이후 재판과정에서 무죄변론을 하기는 하였으나 그전처럼 힘이 나지 않았고 현명한 재판장은 그 허술한 기록에도 불구하고 피고인의 유죄를 인정, 실형을 선고하였다.

당사자들 중에는 "변호사를 속이면 판사도 속일 수 있다"고 믿는 사람이 있는 것 같다. 법정에서 지나치게 당사자의 주장에 몰입하여 사실과 동떨어진 변론을 하는 변호사를 보면 혹시 예전의 나처럼 당사자의 주장에 속은 것은 아닐까 하는 생각이 든다. 그리고 여자는, 아니 사람은 자기가 믿고 싶어 하는 쪽으로 믿으려는 속성이 있다는 생각도 함께….

※ 형법 제241조 간통죄는 헌법재판소의 위헌결정(헌법재판소 2015. 2. 26.자 2009헌바17 결정)에 따라 2016. 1. 6. 개정된 형법에서 삭제되었다.

_____

부장님 좋은 글 잘 읽었습니다.
○○○
2022-01-12

부장님, 좋은 글 잘 읽고 있습니다. 감사합니다. ^^
자유게시판 클릭 때마다, 부장님의 글이 있는지를 가장 먼저
확인합니다.
애독자로서 감사드리고
새해 복 많이 받으세요.^^
○○○
2022-01-07

부장님. 좋은 글 잘 읽었습니다. 감사합니다!
○○○
2022-01-07

잘 읽었습니다. 부장님의 연륜이 배어 나오는, 저절로 고개를
끄덕이게 하는 좋은 글, 감사합니다.
○○○
2022-01-06

오늘도 잘 읽었습니다. 이제는 삶에 유용한 책자처럼 느껴집니다.
거짓말은 또 다른 거짓말을 낳게 된다는 것을 사람들은 왜
모를까요? 거짓과 과장은 분명히 차이가 있는데.....음주운전처럼
삶 속에서 굳어진 습관이지 않을까 싶기도 합니다. 습관은 고치면
바꿀 수 있겠지만, 인성은 바꾸기 어렵다는 것에 안타까움이
남습니다.
○○○
2022-01-06

부장님 좋은 글 감사합니다!
○○○
2022-01-06

위 본문 내용 중 당사자들 중에는
"변호사를 속이면 판사도 속일 수 있다"고
믿는 사람이 있는 것 같다는 말씀에 공감합니다.
만약 양당사자 중 한쪽만 변호사가 있는 사건에서
당사자 본인이 주장한 내용은 배척하고,
다른 쪽 변호사가 주장한 내용만을 인정해 줄 경우,
당사자 본인이 주장한 내용을 배척할 수밖에 없는
구체적 이유조차 기재하지 않은 판결이라면
이런 오해를 더 크게 불러일으킬 수 있겠다는 생각이 듭니다.
○○○
2022-1-6

철없는 아이

1. 협의이혼 방식으로 이혼을 할 때 판사는 두 가지를 확인한다. 하나는 두 사람이 이혼할 의사가 진정한 것인지이고, 다른 하나는 미성년의 자녀가 있는 경우 누가 그 아이의 친권을 행사할 것인지 이다. 일단 지정된 친권행사자를 변경하려면 법원에 친권행사자 지정 변경 신청을 하여야 하는데 상대방이 부동의하는 경우에는 비송사건절차(※비송사건은 법원이 합목적적 재량에 의하여 간이신속하고 탄력성 있게 처리할 성질의 것이기 때문에 소송사건처럼 엄격한 절차에 의할 필요가 없다)에 따라 판사의 결정을 받아야 한다.

한편 친권자나 양육자가 아니기 때문에 현실적으로 자를 보호·양육하고 있지 아니한 부모에게는 자녀와 직접 면접·서면교환 또는 접촉할 수 있는 권리, 즉 면접교섭권이 인정된다. 이 권리는 양육하지 않는 부모의 고유한 권리이기 때문에 예컨대 알코올 중독과 같은 방탕한 생활로 인해 자식의 안전이나 건강을 해칠 우려가 있을 때와 같이 자식의 복리에 해가 되지 않는 한 제한되지 않는다. 또 제한되는 경우에도 가정법원이 판단하여 제한할 수 있을 뿐 부모가 임의로 제한할 수는 없다.

2. 이처럼 면접교섭권은 친권 내지 양육권에 비하여 부차적인 권리라고 할 수 있지만 본말이 전도되어 면접교섭권에 의하여 친권 내지 양육권이 변경된 사건이 있었다.

협의이혼을 한 남자가 아들을 키우고 있는 전처를 상대로 친권행사자 변경 및 유아인도 청구를 하였다. 남자는 이혼 직후 재혼을 하였으나 몇 년이 지나도 아이가 생기지 아니하자 삼대독자인 아들을 데려와 자신이 키우겠다고 신청을 한 것이다.

한편 전처는 이혼 후 대학 때의 전공을 살려 전문직에 종사하면서 아들을 키우는 것을 유일한 낙으로 삼아 열심히 생활을 하고 있었다. 총명한 전처는 남자가 이런 청구를 할 것을 미리 예견하였던지 이혼 후 상당한 시일이 흘렀건만 남자와 관련된 자료를 온전히 보존하고 있었다.

전처가 제출한 자료를 살펴보니 남자가 재혼한 여자와의 부정(不貞)이 이혼의 원인임을 알 수 있었다. 즉 남자는 전처와 혼인생활을 하면서 전처 모르게 내연녀(나중에 재혼한 여자)와 불륜관계를 지속하다가 어느 날 갑자기 종적을 감추었다. 애가 탄 전처는 몇 달 동안 남자를 백방으로 수소문하였으나 끝내 찾지 못하였다. 하는 수 없이 남자가 운영하던 회사를 정리하게 되었는데 회사 사무실 책상서랍에서 내연녀와 주고받은 수십 통의 편지 뭉치를 발견하였다. 그제야 남자가 내연녀와 애정의 도피행각을 벌였다는 것을 알게 되었다.

잠적한 지 1년쯤 지났을 무렵 남자가 뻔뻔스럽게 나타나 전처에게 다짜고짜 이혼을 요구하였다. 전처는 그토록 무책임한 남자와 혼인생활을 계속하느니 차라리 그만두는 것이 낫겠다고 생각하여 남자와 협의이혼을 하면서 아들의 친권행사자로 지정을 받아 지금껏 아들을 양육하여 왔던 것이다.

남자의 신청에 대하여, 법원은 혼인생활 파탄경위, 이혼 이후 자녀 양육상황 등 여러 사정을 고려하여 친권행사자 변경 및 유아인도 청구를 기각하였지만, 남자가 예비적으로 청구한 면접교섭 신청은 받아들였다. 그런 면접교섭 결정에 따라 아들은 방학이 시작될 무렵 10일간 아버지의 집에 머무르게 되었다.

그런데 두 번째 면접교섭이 있을 무렵 예상하지 못했던 문제가 발생하였다.
아들은 자신의 잘못을 따끔하게 야단치고 하기 싫은 공부를 시키는 어머니보다 자신이 원하는 것이면 뭐든지 들어주고 아무런 잔소리를 하지 않는 아버지와 재혼녀가 너무 편하고 좋았다. 그래서 아들은 엄마한테 돌아오기로 한 날이 지나도 계속 아버지 집에 머물다가 끝내 돌아오지 않았다.

 철없는 아들에게 복귀의사가 없음을 몇 차례 확인한 전처는 몹시 허탈해져 친권 및 양육권을 포기하고 외국으로 유학을 떠나고 말았다.

"아들은 자신의 잘못을 따끔하게 야단치고 하기 싫은 공부를 시키는 어머니보다 자신이 원하는 것이면 뭐든지 들어주고 아무런 잔소리를 하지 않는 아버지와 재혼녀가 너무 편하고 좋았다. 그래서 아들은 엄마한테 돌아오기로 한 날이 지나도 계속 아버지 집에 머물다가 끝내 돌아오지 않았다"
정답이 없어요 어머니의 교육방식이 나은건지 아버지의 교육방식이 나은건지 그래서 자식농사 만큼 힘든거 없다고들 하는것 같습니다
○○○
2022.01.11

 ○○○ 계장님 말씀대로 생각대로 현실이 과연 그럴까요? 저는 집사람보다 더 오래 육아를 담당해서인지 이글이 완전 공감이 됩니다. ㅎ
○○○
2022-01-11

 돈 보스코 성인은 " 사랑하는 것만으로 부족합니다. 사랑받고 있음을 알게 해 주십시오"라고 말씀하셨습니다. 철없는 아들에게

엄마의 사랑이 어떻게 전달되고 있는지 엄마가 살피지 않은 것은 아닐까요?
○○○
2022-01-11

노추(老醜)

　노추(老醜)란 말의 뜻은 늙고 추함이라는 것인데, 흔히 노인이 어떤 추한 짓을 하였을 때 노추를 보인다고 표현한다. 대체로 젊었을 때부터 못된 짓을 많이 한 사람이 늙어서도 그런 짓을 하는 경우가 많겠지만, 중년까지는 별 문제 없이 평온하게 살아오다가 노년에 접어들어 갑자기 용서받기 힘든 범행을 하는 경우가 종종 있다. 후자에 속하는 범죄 중 대표적인 것이 성범죄인데 이러한 범행의 피해자 대부분이 나이 어린 여자아이라는 점에서 폐해가 심각하다.

　1. 범행당시 피고인의 나이는 70세에 가까웠다. 피고인의 처는 입주 가사도우미를 하느라 주중에는 서울에서 머물고 주말에만 서울 근교에 있는 집으로 내려왔다. 피고인의 집에서 멀지 않은 곳에 초등학교 4학년생인 피해자가 살고 있었다.

　피고인은 평소 자기 집 앞길로 등하교를 하는, 귀엽게 생긴 피해자를 눈여겨보았던 모양이다. 그러던 어느 날 하교 길에 피고인 집에서 조금 떨어진 숲에서 친구들과 놀고 있는 피해자에게 피고인이 접근하여 피해자 등에게 잠자리를 잡아 주는 등 선심을 쓰다가 피해자에게 과자를 줄 테니 자신의 집에 들렀다 가라고 꼬드겼다. 피고인의 흑심을 알 리 없는 피해자는 피고인을 그저 마음씨 좋은 동네할아버지로 오인하고 피고인의 집에 들렀다가 결국 성폭행을 당하였고, 그 후에도 몇 차례 비슷한 일이 반복되었다.

피해자가 피고인의 집에 나오는 모습을 본 이웃주민이 이를 이상하게 생각하고 피해자의 부모에게 귀띔함으로써 사건의 전모가 드러나게 되었다.

피고인은 경찰 이래 법정에 이르기까지 시종 성폭행 사실을 부인하였다. 피해자가 검찰측 증인으로 소환되어 법정에서 증언을 하게 되었다. 범행이 있은 때로부터 꽤 시간이 흘러 중학교 1학년이 되었지만 피해자는 여전히 귀여운 어린이였다.

그런데 막상 증인신문이 시작되자 할아버지뻘 되는 피고인을 어떠한 존칭, 심지어 성도 붙이지 않고 이름만으로 불렀고, 구체적인 범행 경위를 진술할 때에는 남녀 성기를 뜻하는 순 우리말 명사를 조금도 거리낌없이 말하였다. 또한 피고인이 공소사실을 부인하자 피고인에게 적대감을 드러내고 욕설까지 해서 재판부와 검찰 및 변호인을 놀라게 하였다. 피해자가 그런 모습을 보인 것은 성폭행으로 인한 정신적 외상(trauma) 때문일 거라 생각하니 피고인이 더욱 미워졌다.

이 사건 피고인은 젊은 시절 아주 경미한 벌금 전과가 있을 뿐인, 사실상 초범이었다.

2. 또 다른 사건의 피고인은 70세를 조금 넘긴 남자였다. 그는 초등학교 앞에서 문구점을 운영하였는데, 그 문구점에는 문구를 사러 오는 초등학생뿐만 아니라 이웃집에 사는 다섯 살짜리 꼬마 여자아이(피해자)도 왔다. 피고인은 피해자가 오면 피해자에게 사탕을 주면서 밖에서는 잘 보이지 않는 문방구 안쪽으로 불러들여 자신의 무릎에 앉혀 놓고 피해자의 몸 이곳저곳을 만지는 추행을 저질렀는데, 같은 범행이 몇 차례 반복되었다. 피해자가 목욕을 할 때 특정 신체부위를 지나치게 열심히 씻는 것을 본 피해자 어머니가 피해자를 살살 달래 물어본 끝에 성추행을 당한 사실을 알게 되었다. 그 즉시 피고인을 찾아가 따지고, 경찰에 신고를 하였다.

피고인은 영장심문을 하는 과정에서 처음에는 부인을 하다가 그 자리에 와 있던 피해자의 어머니가 신고 직전 피고인이 한 말을 상기시키며 항의를 하자 고개를 떨구고 시인을 하였다. 영장이 발부된 후 피고인의 자식들이 피해자 부모에게 사과와 함께 합의를 하고 담당 재판부에 보석을 신청, 일단 석방되어 불구속인 상태에서 재판을 받게 되었다.

그런데 채 보름도 지나지 않아 피고인에 대하여 또 다시 영장이 청구되었다. 이번에도 어린이 강제추행 건이었는데, 이번 영장청구 피의사실은 종전 영장청구 당시의 것보다 조금 더 이른 시점에 다른 집 아이를 상대로 비슷한 수법으로 성추행을 하였다는 것이었다. 먼저 저지른 추행에 대하여 나중에 저지른 추행보다 뒤늦게 영장이 청구된 것인데, 그 입건 및 영장청구 경위가 개운치는 않았다. 하지만 피의사실에 대한 소명이 충분하고 도주할 우려 있다고 판단되어 피고인에 대하여 재차 영장을 발부하였다.

이 사건 피고인은 이 사건 이전에는 아무런 전과가 없는 초범이었다.

최근 노인들의 건강 상태가 좋아진 탓인지 예전과 달리 식지 않는 성욕을 어떻게 관리할 것인지가 사회문제화 되고 있다. 위에서 언급한 사건들에서처럼 남자 노인이 정신적으로나 육체적으로 취약한 어린 여자아이를 주체할 수 없는 욕망의 해소 대상으로 삼는 경우가 많은데, 그러한 범행은 피해 아동의 일생일대에 쉽게 치유되지 않는 트라우마를 남긴다는 점에서 실질적이고도 효과적인 예방 수단이 마련되어야 한다고 생각한다.

딸아이를 키우는 부모 입장에서 초등학교에 들어가 독립적 생활이 시작될 나이인 때라 많은 공감이 됩니다. 아동에 대한 사회적 보호의 예방교육시스템과 효과적인 제재수단이 잘 만들어졌으면 하는 바람입니다.
○○○
2022-01-07

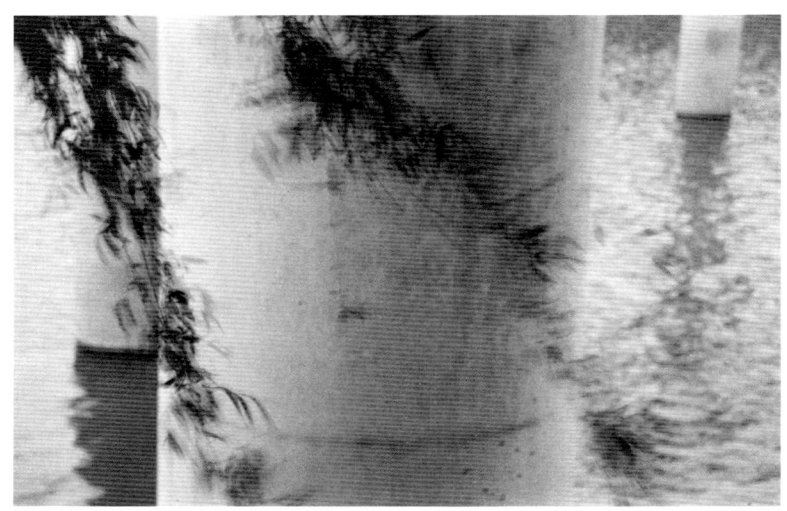

발로 쓰는 판결

　기자는 발로 기사를 써야 한다는 말이 있다. 이는 기자가 제대로 된 기사를 쓰려면 반드시 현장을 찾아가 직접 취재를 하여야 한다는 뜻이다. 그런데 판사도 실제로 사건이 발생한 현장을 찾아가 보는 것이 실체적 진실 발견에 크게 도움이 되는 경우가 있다.

　오래전에 이 점을 실감케 한 형사사건이 있었다.

　그 사건은 피고인이 경부고속도로의 주행로(2차로)상에서 덤프트럭을 운전하다가 차선변경신호를 보내지 아니하고 급하게 추월로(1차로)로 차선을 변경하는 바람에 뒤쪽에서 추월로(1차로)를 따라 진행해 오던 트럭으로 하여금 위 피고인의 덤프트럭을 들이받게 하여 그 트럭 운전사의 왼쪽다리가 절단되는 상해를 입게 하였다는 공소사실로 구속기소된 것이었다.

　피고인은 어눌한 말투로 그저 자신은 급차선변경을 한 적이 없다고 시종 부인만 하고 있었다. 변호인의 현장검증 신청을 받아들여 사고 현장엘 갔다.

피고인의 트럭이나 피해자의 트럭 모두 고속도로변의 토사를 적재하는 20톤 덤프트럭이었는데 토사를 적재하는 관계로 고속도로 진입 직전에 깊이 약 1m의 세륜시설[洗輪施設, 무슨 거창한 장치는 아니고 고속도로 진입 전에 차바퀴에 묻은 진흙을 씻도록 하는 웅덩이로 그곳에는 깊이 약 70cm 가량의 물이 채워져 있어 트럭이 거길 지나가면 물에 의해 바퀴에 묻은 흙이 씻기도록 한 것이다]을 통과하도록 되어 있었고 그 때문에 고속도로 진입시 작업차량의 브레이크 라이닝은 젖은 상태였었을 것으로 짐작되었다.

고속도로 진입시점부터 사고장소까지는 약 4km 가량 되는데 고속도로 진입지점에서 약 1km 가량은 오르막길이고 그 이후 3km 가량은 내리막길이었다. 사고당시와 똑같이 20톤의 흙을 싣고 위 오르막길을 오르는데 운전자에게 최고 속력을 내보라고 했음에도 그 정점에 이르기까지 시속 80km를 내기가 어려웠다. 그런데 정점을 통과하자마자 화물무게에 의하여 가중된 주행탄력으로 불과 몇 초 사이에 시속 120km를 돌파하였다. 그 때문에 검증당시 내가 탔던 덤프트럭 운전사도 브레이크 라이닝의 건조와 감속을 위하여 위 내리막길이 시작되는 정점에서부터 브레이크를 여러 차례 나누어 밟고 있었다.

검찰이 사고현장 일대의 지형, 특히 사건현장과 거리가

4㎞ 이상 떨어진 곳에 있던 세륜시설의 존재를 모르고 기소하였을 가능성이 높아 보였다.

그와 더불어 수사기록에 나타난 그 밖의 사정, 즉 사고 당시 피고인의 트럭 전방에는 펑크 난 2.5톤 트럭으로 인하여 교통정체가 있었던 점, 피해자 스스로도 그가 트럭을 운전하기 시작한 지 1주일 정도 되었을 무렵 브레이크 작동에 문제가 있다고 말한 적이 있었고 위 트럭의 차주는 평소 피해자가 운전을 난폭하게 한다고 불평한 적이 있던 점, 사고 후 피해자는 병원을 찾아온 차주에게 자기 잘못으로 이건 사고가 생겨 죄송하다고 말한 적이 있는 점 등의 사정 등을 종합해 볼 때, 이 사건 사고는 피고인의 급차선 변경에서 비롯된 것이고 단정하기 어려웠다.

오히려 피해자가 운전하던 트럭의 브레이크 자체의 결함 또는 내리막길에서 브레이크 라이닝이 미처 마르지 않아 브레이크가 제대로 작동하지 아니하였기 때문에 피고인의 트럭을 추돌하였을 가능성이 충분히 있다고 판단되었다.

무죄 판결을 선고하자 피고인은 소처럼 울기만 했다. 사건현장에 가지 않았다면, 세륜시설의 존재를 알 수 없었기 때문에 결론이 달라졌을 것이다.

좋은 글 감사합니다.
○○○
2022-01-20

부장님께서 현장검증을 가셔서 이 사건의 피고가 더 정확한 재판을 받은 것 같습니다. 오늘도 좋은 글 감사합니다.
○○○
2022-01-17

부장님 항상 잘 보고 있습니다. 좋은 글 감사합니다.
○○○
2022-01-14

부장님께서 올리시는 경험담은 소박하면서도 깊이가 느껴집니다.
헌법상 법관은 그 '양심'에 따라 심판한다고 규정해 놓았으나,
이 '양심'이란 추상적 단어가 참으로 주관적이고 애매한 것 같습니다.
법관의 양심이 헌법과 법률에 의하여 제한받고 있으나,
각 법관들마다 사건을 바라보는 시각이 천차만별이니
법관의 양심이 있는 이상 도출해낸 결론이 상식에 맞지 않더라도
당사자로서는 더 이상 할 말이 없는 것이 현실인 것 같습니다.
○○○
2022-01-13

오늘도 좋은 글 감사드립니다.
○○○
2022-01-13

부장님, 다시 보아도 좋은 글 감사드립니다.

○○○
2022-01-13

피고인은 도살장에 끌려가는 소의 심정이었을 텐데. 발로 쓰는(뛰는) 판결의 구원을 받았군요!! :)
○○○
2022-01-13

글을 읽는 제 눈에 눈물이 차오르는 것은 왜일까요. ㅠㅠ.. 좋은 글 감사합니다.
○○○
2022-01-13

건물매수청구권

건물의 소유를 목적으로 한 토지임대차에 있어서 그 임대기간이 만료된 때 건물이 현존하는 경우에는 임차인은 임대인에게 계약갱신을 청구할 수 있고, 만일 임대인이 계약 갱신을 거절한 때에는 임차인은 임대인에게 그 건물을 상당한 가격으로 매수하여 줄 것을 청구할 수 있다.

임차인에게 그러한 권리를 인정한 것은 건물 소유를 목적으로 하는 토지임대차의 경우 임대기간이 끝났다고 하여 임차인이 그 건물을 철거하여야 한다면 임차인에게 지나치게 불리할 뿐만 아니라 국민경제적으로도 큰 손실이 되기 때문이다. 따라서 임차인의 그러한 임대차계약 갱신청구권이나 건물매수청구권을 배제 또는 제한하는, 임차인에게 불리한 약정을 하는 것은 허용되지 않는다.

하지만 이렇게 좋은 취지에서 인정된 건물매수청구권이 임대인을 괴롭혀 부당한 이익을 취하려는 임차인에 의하여 악용되는 경우가 있다.

전원주택 부지를 소유한 임대인에게 임대인의 지인을 통

해 접근. 임대인 소유의 토지를 임차한 후 그곳에 가건물을 짓겠다고 한 당초의 약속과 달리 영구건물을 지어 식당을 운영하다가 임대기간이 종료되자 건물매수청구권을 행사한다며 그 영구건물을 사 가라고 떼를 쓰던 임차인이 있었다.

임대를 하고 싶은 생각이 없었지만 친구가 하도 부탁을 해서 선의로 임대를 한 것인데, 계약기간이 종료되어 건물을 철거하고 토지를 인도하라고 하니까 임대인의 허락도 없이 지은, 임대인에겐 전혀 필요도 없는 식당건물을 시가로 매수하라니! 임대인으로서는 기가 막힐 노릇이었다.

그 사건 경위는 이러했다.

원고는 대학교수인 친구로부터 그의 제자인 피고가 홀어머니 모시고 장사를 할 만한 토지를 구하고 있으니 전원주택 부지로 소유하고 있는 원고의 토지 중 일부를 임대해 주라는 부탁을 받고 그 토지 중 250평을 떼어 피고에게 임대를 해 주기로 하였다. 피고는 임대차계약 체결당시 임대기간을 5년으로 해 주면 토지 위에 건물을 지어 장사를 하다가 임대기간 만료시 원고에게 그 소유권을 이전하겠다고 제의하였다.

그러나 원고는 그 토지에다 전원주택을 지을 생각이었기 때문에 피고가 짓게 될 식당건물은 원고에게는 아무런 소용이 없었다. 그래서 피고의 제의를 거절하고 임대기간을 3년으로 하고 그 기간 동안 가건물을 지어 장사를 하라고 하였고 피고도 그렇게 하기로 약속하였다.

하지만 피고는 계약체결 직후 가건물이 아닌 영구건물을 신축하고 자신의 명의로 소유권보전등기를 하였다가 나중에는 동생 명의로 소유권이전등기까지 마쳤고, 또한 그 토지 위에 원고의 승낙을 받지 않고 보일러실까지 신축하였다.

원고가 임대차계약에서 정한 임대기간이 만료되자 피고에게 건물철거와 토지인도 및 밀린 월세 기타 손해배상금의 지급을 청구하였다.

이에 피고는 임대차기간이 5년이라고 우기는 한편, 이 사건 임대차계약은 건물 소유를 목적으로 하는 토지임대차로서 임대기간이 만료될 때 영구건물이 현존하고 있고, 원고가 임대차 갱신을 원하지 않고 있으므로 건물매수청구권을 행사한다고 주장하면서 원고로부터 위 건물 시가에 상응하는 매수대금을 지급받을 때까지는 원고의 건물철거 및 토지인도 청구에 응할 수 없다고 항변하였다.

심리결과 피고의 임대기간이 5년이라는 주장에 대하여는 이를 인정할 증거가 없고 오히려 앞서 본 바와 같이 임대차계약 체결 경위에 비추어 임대기간은 3년인 것으로 판단되었다.

또한 매수를 청구하는 건물이 토지의 임대목적에 반하여 축조되고 임대인이 예상할 수 없을 정도로 고가인 경우에는 건물매수청구권의 대상이 되지 않는 것인데, 피고가 매수를 구하는 건물은 가건물을 짓겠다는 약속을 위반하여 지어진 영구건물인 점, 영구건물이니 당연한 것이겠지만 원고가 임대차계약 체결당시 예상할 수 없었던 고가인 점에 비추어 건물매수청구권의 대상이 아니라고 판단되었다. 결국 원고의 청구대로 건물철거와 토지인도 청구등을 인용하는 판결을 선고하였다.

피고는 재판이 계속되는 동안 자신이 사회적 약자인 듯 측은지심을 불러일으키는 진술을 많이 하였다. 하지만 피고는 원고와 이 사건 임대차계약을 체결한 지 1년도 안 돼 인근 토지를 매수하였고 이 사건 소송이 제기되자 원고의 토지 위에 지은 영구건물에서 운영하던 식당을 폐쇄하고 미리 사 둔 인근 토지 위에 새로 건물을 지어 그곳에서 식당영업을 하던 사람이었다.

소설 한 권을 읽은 듯 재미있었습니다. 감사합니다.
○○○
2022-01-25

형성권이 무섭습니다ㅠㅠ
○○○
2022-01-18

이 글의 임차인은 해당하지 않겠지만,
'높고 단단한 벽과 그 벽에 부딪혀 깨지는 달걀이 있다면, 저는 언제나 달걀 편에 서겠습니다" 라는 무라카미 하루키의 말처럼, 그래도 달걀 편이 많아지는 사회가 됐으면 좋겠다는 생각을 해봤습니다.
부장님 좋은 글 잘 읽었습니다.
감사합니다 ^^
○○○
2022-01-17

임대차계약서가 있으니, 남의 땅에도 건물보존등기가 되는군요.
○○○
2022-01-17

항상 제도나 규정의 목적과 다르게 이를 악용하는 사람이 문제인 것 같습니다. 좋은 글 감사드립니다!
○○○
2022-01-17

원고는 피고에게 선의를 베풀었지만, 이렇게 돌아오다니... 세상 각박하다는 말이 맞는 것 같습니다.
○○○
2022-01-17

소개해 준 은혜를 원수로 갚는 괘씸한 피고... 원고와 친구 사이도 벌어졌을지도 모르겠다는 생각이 드네요. 오늘도 감사히 잘 읽었습니다. (_ _)b
○○○
2022-01-17

좋은 정보 감사합니다 .^.^
○○○
2022-01-17

오늘도 실생활에 유익한 구체적 사례를 소개해주셔서 감사합니다.
위 본문 글이나 엊그제 올리신 "발로 쓰는 판결"을 읽어 보고서 느낀 것은,
부장님께서는 양심에 따른 심판을 하시기 이전에 이 양심에 이르기까지의 과정
('발'로 쫓아다녀 전후 사실관계를 확실하게 파악)을 구체적으로 밝히고서
결론내신 판결이었으니 당사자들은 마음으로 승복할 수밖에 없었을 것이고,
따라서 부장님 판결에 대한 상소율은 극히 낮으리란 추측을 해봅니다.^^
○○○
2022-01-17

법정구속

　법정구속이란 일반적으로 불구속 상태로 재판을 받던 피고인에 대하여 선고당일 실형선고를 하면서 법정에서 피고인을 구속하는 것을 말한다. 사기나 횡령과 같은 재산범죄의 경우 피해자에게 일정한 금원을 지급하고 합의를 하거나 공탁을 하여 피해가 상당히 회복되었다고 판단되는 때에는 대체로 벌금 또는 집행유예를 선고하지만 그러한 경우에도 죄질이 불량한 때에는 실형을 선고하고 법정구속을 한다.

　동네 대소사에 빠지지 않고 참견을 하던 중년 아주머니가 횡령죄로 불구속 기소되었다. 공소사실은 고소인(피해자)이 피고인의 주선으로 음식점을 차리면서 대형냉장고를 비롯한 식당집기의 구입, 인테리어공사, 심지어 개업 '굿'까지 피고인에게 맡겼는데, 이를 기화로 피고인은 부탁받은 매 건마다 상당한 돈을 꼬박꼬박 착복하였다는 것이었다.

　피고인은 수사기관 이래 계속 부인을 하면서 주변사람들로 하여금 자기에겐 아무런 잘못이 없다는 내용의 탄원서를 몇 차례나 제출케 하였고, 법정에서는 고소인 주장에 부합하는 증언을 하는 집기판매점 주인, 설비공사업자, 무당을 심하게 몰아세우기도 하고, 자신과 친분 있는 젊은 여성을 증인으로 신청하여 누가 들어도 금방 거짓임을 알 수 있는 진술을 하게도 했다. 최후진술을 할 때는 너무 억울하다며 눈물까지 지어 보였다. 하지만 제출된 증거 대부분은 법정에서 형성된 유죄의 심증을 확실하게 뒷받침하고 있었다.

그토록 부인하던 피고인이 선고를 며칠 앞두고 느닷없이 피해액수 가까운 돈을 공탁하였다. 그 이유가 궁금했는데 때마침 공판검사가 제출한 참고자료를 보니 피고인 측 증인으로 나왔던 여자가 위증죄로 조사받는 과정에서 피고인이 위증을 교사하였다는 진술을 하여 피고인을 위증교사 혐의로 조사 중이라는 것이었다. 그런데 피고인은 선고 직전 제출한 마지막 탄원서에서조차 자기측 증인으로 나올 사람을 고소인이 출석하지 못하게 하여 재판이 매우 불리하게 진행되었다고 하는 등 여전히 고소인 탓만 하고 있었다.

선고하는 날 출근하다가 법원 현관 부근에서 피고인과 우연히 마주쳤다. 그녀는 흠칫 놀라며 몹시 불안한 표정을 지었다. 사건이 터졌을 때 곧바로 사과하고 피해변제를 했더라면 저토록 불안해 할 일도 없을 터인데 …. 그렇게 하지 않은 이유는 어쩌면 동네에서 누리고 있는, 오지랖 넓은 아주머니로서의 명성 때문이었는지도 모른다. 피고인은 그날 실형선고를 받고 구속되었다.

부장님, 안녕하세요. 부장님 재판부에서 업무 외적으로도 많은 부분 배우고 독서모임도 했던 기억이 새록새록 납니다. 좋은 글 감사드립니다^^
○○○
2022-01-20

범인은 쉽게 잘못을 뉘우치기 어렵습니다.
그러므로...경솔하게 백신을 맞고..... 그 어리석음을 인정하기는 쉽지 않습니다.
코로나는 무증상이지만, 백신은 치명상인데...대체 몇 차까지 백신을 맞아야 할까요?
○○○
2022-01-20

잘못을 뉘우치지 않는 사람에게 걸맞은 결말이라고 생각합니다.
오늘도 잘읽었습니다. 부장님
○○○
2022-01-19

오늘도 많은 생각을 할 기회를 주셔서 감사드립니다.

수사기관은 피해자수가 많아 뉴스거리가 되지 않는 사건은 수사기관을 귀찮게 하지 말고 법원에서 민사로 해결하라는 취지인지

왠만한 사건은 대부분 혐의없음(증거불충분)으로 처리하는 경우가 많더군요.

요즘같이 죄지은 사람들의 인권이 중요시됐던 시기는 없었던 것 같습니다.
그런데, 이들로 인하여 정신적·물질적으로 피해 입은 사람들의 피해회복까지의
과정은 왜 그렇게 멀고도 험난한 것인지 너무 안타까운 생각이 들었습니다.

세월이 갈수록 사기꾼들의 사기 수법은 날로 지능화하고 있으니 이들의 사기의 고의성을 입증하는 것이 결코 쉽지 않으리라 봅니다.
결국 그 피해는 고스란히 피해자 몫이 되고 있는 것이 현실입니다.

향후 사기꾼들의 내심의사인 사기의 고의성을 밝혀내는 것보다 범죄구성요건을 대폭 정비하여 피해자의 피해회복에 중점을 두어 피해자 중심으로 전환하는 것이 필요하지 않을까 생각을 해봅니다.
○○○
2022-01-19

잘못을 인정하지 않아 결국 법정공방으로 이어지는 사례가 많지요. 빠른 사과는 불필요한 시간과 비용을 들이지 않는 길인데.. 결국 피고인은 명예뿐 아니라 실리도 잃어버렸군요.
부장님, 오늘도 감사합니다. ^^
○○○

2022-01-19

본인의 잘못은 신속하게 인정하고 용서를 구하는 것이
최선이라는 점을 배우고 갑니다. 부장님의 울림을 주는 차분한
이야기에 늘 생각하고 또 감사합니다.
○○○
2022-01-19

변론주의

실제로 재판을 하다 보면 간단한 주장이나 어렵지 않은 입증을 제대로 하지 못해 패소 위험에 처하는 당사자를 가끔 보게 된다. 안타까운 마음에서 그런 당사자에게 주장 정리나 추가 입증을 촉구해 보기도 하지만 이것은 어디까지나 변론주의 원칙 - 민사소송에서는 당사자가 주장하거나 제출한 소송자료(증거)만을 재판의 기초로 삼아야 한다는 원칙 - 을 벗어날 수는 없다.

초임판사 시절에 있었던 일이다.

원고가 여고 동창의 남편인 피고에게 여러 차례 빌려준 돈 합계 1억여 원을 갚으라는 소송을 제기하였다. 원고는 친구를 통하여 피고에게 돈을 빌려주었는데, 그 친구는 돈을 가져갈 때마다 피고의 사업자금으로 쓴다며 피고 도장이 날인된 피고 명의의 차용증을 교부하였고, 실제로 몇 번은 피고가 처(친구)와 함께 돈을 빌리러 온 적도 있었다. 그런데 피고는 처가 사망하자 몰라라 한다는 것이다.

이에 대해 피고는 처가 원고로부터 돈을 빌린 사실을 전혀 알지 못했고, 원고가 제시하는 차용증을 작성한 사실도 없으며, 금전 차용과 관련해서 단 한 번도 원고를 만난 적이 없다고 부인하였다.

원고의 또 다른 친구인 원고측 증인은 원고가 돈을 빌려 줄 때 피고가 동석한 것을 보았다고 원고 주장에 부합하는 진술을 하였지만, 차용증의 필적에 대한 감정결과는 피고의 자필이 아니라는 것이었고, 동사무소에 조회한 결과 차용증에 날인된 도장도 피고의 인감도장이 아닌 것으로 밝혀졌다.

청구원인 사실에 대한 입증 부족으로 원고 청구를 기각하는 것으로 부장님과 합의를 마친 후, 판결초고를 작성하면서 기록 전체를 꼼꼼히 검토해 보니 피고가 자녀들과 함께 처를 상속하였고 원고가 빌려준 돈이 실제로 피고의 옷가게 운영에 적잖이 도움이 된 사정을 엿볼 수 있었다. 원고가 피고와 자녀들이 처를 상속한 것으로 주장을 변경한다면 청구금액 중 일부라도 받을 수 있을 것이고, 그것이 당사자 사이에 실질적 형평을 실현하는 길이라는 생각이 들었다.

원고에게 그런 점을 귀띔해 줄 요량으로 판결 이유의 마무리 부분, 즉 "원고의 주장은 이유 없다" 바로 앞에다 "피고가 망인을 상속하였음을 원인으로 주장하는 것은 별론으로 하고"라는 문구를 써 넣었다. 하지만 부장님은 위

문구가 변론주의에 위배됨을 이유로 삭제를 하셨다. 사건에 너무 몰입하여 민사소송의 기본원칙을 잊었던 것이다.

복잡다단할 것 같은 사건 전후 사정이 짧은 글 속에 간결하게 담겨 있어 쉽게 이해됩니다. 그래서 단편소설 한 권을 읽은 듯 재미있었습니다. 감사합니다.
○○○
2022-01-25

저처럼 열렬한 독자들이 많으네요~^^ 언제나 응원드립니다. 감사합니다!
○○○
2022-01-21

오늘도 잘 읽었습니다. 감사합니다.
○○○
2022-01-21

자유게시판에서 부장님 글 찾기가 하루 루틴 중 하나입니다. 저도 공감입니다.
감사드립니다.
○○○
2022-01-20

글을 읽다 보니 부장님의 따듯한 마음이 느껴집니다.
○○○

2022-01-20

잘 읽었습니다. 공감, 또 공감하는 글입니다. 때로는 변론주의의 방패 뒤에 숨기도 하고...초임 때의 순수한 마음을 계속 유지하는 것이 쉽지 않은 것같습니다.
○○○
2022-01-20

<자유게시판에서 부장님 글 찾기가 하루 루틴 중 하나입니다! >
저도 똑같은 마음입니다. 부장님 내면의 따스한 마음을 보는 거 같아 마음이 아주 좋아집니다
○○○
2022-01-20

자유게시판에서 부장님 글 찾기가 하루 루틴 중 하나입니다!
감사합니다.
○○○
2022-01-20

부장님의 측은지심이 변론주의에 막히셨네요.
○○○
2022-01-20

재밌습니다.^^
○○○
2022-01-20

부장님 글은 꼭 읽게 됩니다. 감사합니다.
사례를 곁들인 법 적용이 아주 쉽게 이해됩니다.

○○○
2022-01-20

조선시대의 현명한 사또님이 필요한 시대입니다. 법은 또 다른 폭력이라는 생각도 들어서요
○○○
2022-01-20

부장님의 따듯한 마음이 묻어나는 글을 읽으며 항상 감동 받고 있습니다. 감사합니다.
○○○
2022-01-20

항상 잘 읽고 있습니다. 감사합니다.^^
○○○
2022-01-20

가끔 당사자에게 몰입하여 안타까운 마음이 생기곤 합니다.
오늘도 잘 읽었습니다~
○○○
2022-01-20

오늘도 실생활에서 겪을 수 있는 사례를 알려주셔서 감사드립니다.
위 본문글에 드러난 사실관계만을 전제로
짧은 저의 소견을 감히 말씀드려 보겠습니다.
(원고의 안타까운 사정에 억지 해석을 해보았습니다)
만약, 피고 남편이 함께 왔을 때의 차용증에 날인된 인영과
피고 사망 후 피고 남편이 부인했었던 차용증상의 인영이 같다면

피고 남편의 도장이 신고한 인감도장인지 여부와 상관없이
차용사실을 추인한 것으로 보아도 되지 않을까요?
○○○
2022-01-20

오늘도 잘 읽었습니다. 감사합니다! ^^*
○○○
2022-01-20

좋은 글 감사합니다.
○○○
2022-01-20

좋은 글을 올려주셔서 감사합니다.
○○○
2022-01-20

저는 실무관 시절 변론주의를 전혀 이해하지 못했습니다만, 당시 모 지원에서 민사판례 공부를 가르쳐주시던 모 판사님의 친절한 설명으로 무릎을 탁치던 시절이 생각납니다. 하지만 변론주의는 민사재판에서 판사님들의 상당한 인내심이 요구되는 소송법이라고 생각됩니다. 아무튼 실제 재판실무에도 실제 법원 밖 경제생활에도 큰 도움이 되는 부장님의 글 잘 읽고 배우고 갑니다. 감사합니다.
○○○
2022-01-20

사이비 라스콜리니코프

라스콜리니코프는 도스토예프스키의 불후의 명작 '죄와 벌'에서 나오는 남자 주인공의 이름이다. 그는 자신이 볼 때 아무런 가치 없는 삶을 살아가는 이웃 전당포 노파와 그녀의 동생을 살해한 후 극심한 불안과 공포를 느끼며 고뇌를 계속하다가 영혼이 맑은 창녀 소냐를 만나 정신적 구원을 받고 자수를 한다. 이 소설은 두 번을 읽었는데, 고등학교 시절 처음 읽을 때는 독후감 숙제를 위해 억지로 책장만 넘겼던 때문인지 기억나는 것이 거의 없다. 그러다가 사법시험을 최종 합격하던 해 2차 시험을 마치고 발표를 초조하게 기다리며 그 책을 다시 읽었다. 책을 읽는 내내 라스콜리니코프의 불안과 초조에 깊은 공감을 느꼈는데, 작가의 치밀한 심리 묘사는 내 마음을 파헤치는 것 같아 가슴이 섬뜩섬뜩하였다.

하지만 라스콜리니코프와는 달리 윤락녀에게 사랑 운운하면서 사기를 친 사내가 구속기소되어 재판을 받게 되었다. 그 사건 경위는 다음과 같다.

비록 윤락행위를 하며 생계를 유지하고 있지만 순정을 갖고 살아가던 여자가 있었다. 몇 달 전부터 고급 승용차를 타고 나타나는 사내가 그녀에게 이러한 생활을 청산하고 자신과 혼인을 하자고 하였다. 그녀는 처음에는 자신을 놀리는 것 같아 기분이 나빴지만 번질나게 들락거리며 순수한 사랑을 읊조리는 그에게 점차 마음이 기울어지기 시작하였다.

얼마 전에는 그 사내가 함께 살 집을 알아보고 있으니 조금만 참으라고 했다. 그러더니 며칠 전엔 찾아와서 집을 마련하였으니 살림집기도 갖추는 것이 좋겠다며 수일 내로 여자의 방에 있는 티브이, 냉장고 등을 그 집으로 옮기겠다고 하였다. 사내가 말뿐이 아니라 그가 공언했던 계획을 착착 실천한다고 생각하니 사내가 미더웠다. 어쩌면 그녀처럼 일상을 험하게 살아가는 사람들일수록 현실의 곤고함을 잊는 방편으로 순결한 사랑을 꿈꾸는지도 모른다.

마침내 그녀는 그 사내를 사랑하게 되었다. 그리하여 사내가 하는 말이면 다 믿게 되었고 사내를 위하여 줄 수 있는 모든 것을 다 주었다. 그녀는 액수가 많다고는 할 수 없지만 정말 어렵게 모은 돈을 알뜰하게 챙겨 주었고, 방에 있던 세간살이도 함께 살 집으로 옮기도록 허락하였다. 그런데 살림집기를 가져 간 직후부터 발길이 뚝 끊어지더니 그토록 빈번하던 전화는 연결조차 되지 않았다. 잠적한 것이다. 그제야 정신이 번쩍 들었다.

순수한 사랑 운운하면서 흘린 신상정보로 인해 오래지 않아 체포되었다. 경찰에서 조사를 받을 때 보니 사내가 한 말은 100% 거짓말이었다. 그녀와 함께 살 집을 마련한 적은 아예 없었고, 따라서 그동안 그 집을 얻는 데 필요하다며 돈을 보태 달라고 한 말이나 살림집기를 그 집에 가져다 놓겠다고 한 말 - 모두 다 거짓이었다. 더욱 기막힌 것은 자신이 아껴 사용하던 세간살이를 인근 시장에 헐값으로 처분하고, 얼마 전에 새로 산 냉장고는 자기 부모님에게 갖다 드렸다고 한다. 잘 났어, 증말! 경찰이 말하기를, 그 사내는 그녀를 만나기 2년 전에도 혼인빙자간음죄와 사기죄로 저질러 징역을 1년 6개월 동안이나 살다가 6개월 전쯤에 출소하였다고 했다. 어쩐지 말을 너무 그럴듯하게 잘 하더라니 ….

그 사내는 윤락녀를 상대로 한 범행이라 자신도 부끄러웠던지 공소사실 전부를 부인하였다. 하지만 검찰이 증인으로 신청한 피해자를 법정에 불러 신문을 해 보니 공소사실이 모두 사실인 것으로 판단되었다. 그에게 중형을 선고하였다.

하지만, 피해자가 입은 손해는 현실적으로 회복될 방법이 없다. 이러한 피해자를 생각하면 범죄피해자 보호를 위한 보험제도와 같은 것이 마련되었으면 좋겠다(현재는 2005. 12. 23. 제정된 '범죄피해자 보호법'에 의하여, 일정한 요건을 갖춘 피해자는 그 법이 정한 구조금의 지급을 청구할 수 있다).

이 사건에서 결혼을 미끼로 정교를 나누고 금전을 편취하였음에도, 당시에 유효하였던 혼인빙자간음죄[※ 형법 제304조 혼인빙자간음죄는 헌법재판소의 위헌결정(헌법재판소 2009. 11. 26.자 2008헌바58 결정)에 따라 2012. 12. 18. 개정된 형법에서 삭제되었고, 이 개정형법은 2013. 6. 19.부터 시행되었다]로 단죄하지 아니하고(통상 그러한 경우 혼인빙자간음죄 및 사기죄로 처단하였다) 단순 사기죄로만 의율하였다. 그 이유는 혼인빙자간음죄의 구성요건이 피해자가 음행의 상습이 없는 부녀, 즉 불특정인을 상대로 성생활을 하는 습벽이 있는 여자가 아닐 것이 요구되는데, 이 사건 피해자가 윤락녀라서 그러한 요건을 갖추지 못하였기 때문이다.

명품

여러 해 전 중앙지방법원으로 전입하면서 사건메모를 보다 충실하게 할 생각으로 만년필에 관심을 가지게 되었다. 웹서핑을 해 보니 만년필 애호가들 사이에서는 이미 오래전에 단종된 파카51이 명품을 넘어 '만년필의 전설'로까지 추앙되고 있었다.

내게 있어서 파카51이라면 외삼촌이 베트남에서 근무할 때 아버지께 드렸다가 내가 물려받아 한동안 즐겁게 사용하였던 펜이다. 그런데 이상하게도 그 펜은 무슨 잉크를 넣어도 색상이 흐리게 나와 시험답안지 작성용으로는 부적합하다고 생각해서 더 이상 사용하지 아니하고 보관만 하고 있었다. 그 '전설'을 찾기 위해 집안곳곳을 샅샅이 뒤졌는데 결국 실패하고, '꿩 대신 닭'이라는 심정에서 다른 만년필을 구입하였다. 새로 산 만년필을 사용하다 불만이 느껴질 때면 찾지 못한 파카51은 그렇지 않을 것이라며 못내 아쉬워했다.

그토록 애태우던 파카51이 며칠 전 아이들 학용품을 보관하는 서랍에서 우연히 발견되었다. 즉시 욕실로 가져가 펜촉 끝을 수도꼭지에 대고 물을 흘려보내자 말라붙어 있던 검정색 잉크가 물에 녹아 줄줄 나왔다. 사용한 지 25년이 넘었기 때문에 걱정을 했던 고무 부분(튜브)은 의외로 싱싱했다. 잉크를 넣고 써 보니 글씨가 술술 나갔다.

예전에는 의식하지 않았던 것이지만 뚜껑을 열어 놓고 5분이 지난 후에 써 봐도 잉크 마름 현상이 거의 느껴지지 않았다(이 덕분에 재판을 진행할 때 사용할 수 있을 것 같았다). 이래서 명품이라고 하는구나 하는 생각이 절로 들었다. 하지만 정작 제일 중요한 필기감에 있어서는 '꿩 대신 닭'으로 구입한 중저가 만년필보다 낫기는커녕 오히려 못하였다.

우리는 과거에 특별히 애착을 가졌던 물건에 대하여는 그 성능에 대해서도 워낙 잘 만든 명품이라서 오늘날의 어떤 제품보다도 성능이 훌륭하다는 것이라는 식으로 과대평가하는 경향이 있다.

하지만 공산품의 경우(파카51의 경우 34년 동안 2천만 개나 생산되었다고 한다) 그런 생각은 분명히 잘못된 것이다. 과학기술이 비약적으로 발전하고 있는 오늘날 예전에 아무리 성능이 좋았던 제품도 현재의 기준에 비추어 보면 중간 이상에 해당하기 어려운 것이다. 이 점은 자동차의 경우를 생각해 보면 확실해진다.

그런데도 왜 사람들은 예전 명품이 오늘날 신제품보다 성능까지 더 좋을 거라고까지 하는 걸까. 여러 원인이 있겠지만 해당 제품에 대한 개인사적 추억 내지 기억도 원인으로 작용한다고 생각한다. 내 경우 1969년경 미국에서 생산되어 베트남 주둔 미군부대로 공수되었다가 한국으로 온 만년필 자체의 이력과 아버지로부터 물려받아 그것으로 치열하게 시험공부를 하던 아련한 기억이 버무려져서 말이다.

감성대로 살기

　과학 기술의 눈부신 발달은 현대인들에게 감성이 아닌 이성이 명하는 바에 따라 살아갈 것을 요구한다. 그러다 보니 우리들의 일상생활은 감성적인 측면에서는 나날이 메말라 간다. 근자에 들어 그에 대한 반동으로 이성보다는 감성적인 삶을 지향하는 것이 보다 인간다운 생활을 하는 것이라는 주장이 제기되었고 꽤 많은 사람들이 그에 동조하고 있다. 하지만 실제로 이성이 아닌 감성만을 따라 행동하게 되면 매우 위험한 결과가 초래될 수도 있다.

　건축일을 하는 집주인 남자는 처와 상의하여 창고로 사용하던 문간방을 총각에게 임대하였다. 당시 집주인의 처는 남편이 일밖에 모르는 데다 집까지 자주 비워 불만이 많았는데, 그런 남편과는 달리 자신을 살갑게 대해 주는 총각에게 호감을 느꼈다. 여자친구가 없던 총각도 집주인의 처가 싫지 않았고 마침내 그 둘은 그렇고 그런 사이가 되었다. 이를 눈치챈 집주인 남자는 처와 자주 부부싸움을 하다가 결국 이혼을 하고 말았다.

　그런데 백수에 가까웠던 총각은 어디 다른 데로 이사를 가지 않고 문간방에 계속 머물렀다. 그 때문에 이혼한 전

처가 남편과 헤어진다는 것이 고작 안방에서 문간방으로 나간 게 전부였다. 집주인 남자는 지방에서 일을 하다 집에 올 때면 문간방에서 들리는, 이혼한 전처와 총각의 깨볶는 소리에 잠을 이루지 못해 술을 마시며 밤을 지새우기 일쑤였다.

 그러던 어느 날 집주인 남자는 여느 때처럼 안방에서 소주를 마시다가 건넌방에서 총각이 전처와 말다툼을 하는 소리를 듣게 되었다. 언쟁은 밤새도록 계속되었는데 다음 날 새벽녘 마침내 총각이 전처를 폭행하였다. 그때까지 잠 못 들고 술을 마시던 집주인 남자는 전처의 비명 소리를 듣게 되자 순간 판단력을 잃고 말았다. 그는 건넌방으로 뛰어들어 그 방 한구석에 놓여 있던 원목 바둑판으로 총각의 머리를 내리쳤다. 총각은 그 자리에서 절명하였다.

 당황한 집주인 남자는 한참을 어쩔 줄 몰라 하다가 가까스로 정신을 차려 시신을 숨길 장소를 찾게 되었다. 집의 앞, 뒷마당 전부가 콘크리트로 덮여 있지만 며칠 전 펌프를 설치하기 위해 뒷마당 한 구석의 콘크리트를 걷어 낸 것이 생각났다. 그 쪽으로 시신을 옮겨 놓고 전처에게 빨리 철물점에 가서 시멘트를 한 포대 사오라고 했다. 콘크리트를 걷어 낸 부분에서 흙을 깊이 파냈지만 그곳에 시신을 묻기에는 아무래도 좁았다. 시신 크기에 맞추어 콘크리트를 더 걷어 내려면 해머로 콘크리트를 깨뜨려야 하는데 아침부터 해머질을 했다가는 이웃사람들에게 범행을 들킬 것 같았다. 그래서 집주인 남자는 보다 엽기적인 방법을 선택, 감행하였다. 즉 시멘트를 걷어 낸 부분의 크기에 맞추어 시신의 무릎 이하 부분을 잘 다듬어(?) 시신을 묻었다. 물론 그 과정에서 전처는 집주인 남자를 도왔다.

하지만 이른 아침부터 부산을 떠는 집주인 남자와 전처의 행동을 수상하게 생각한 이웃주민은 그들을 경찰에 신고하였고, 출동한 경찰은 시멘트 포장공사에 여념이 없던 그들을 긴급체포하였다. 집주인 남자는 살인 및 사체손괴로, 전처는 사체손괴의 공범으로 구속, 기소되었다.

모두에게 잘 하기

변호사는 어떤 사람이 사건을 의뢰할지 알 수 없기 때문에 만나는 모든 사람들에게 잘해야 한다는 말이 있다. 의식적으로 그렇게 한 것은 아니었지만 결과적으로 그렇게 비춰졌던 적이 있었다.

오래전 변호사를 할 때의 일이다.

어느 날 변호사 사무실에 한 여자분이 찾아와서 대뜸 민사사건을 의뢰하겠다고 하였다. 우리나라에서 변호사의 사건 수임은 대부분 변호사를 아는 누군가의 소개로 이루어지기 때문에, 중간에 아는 이의 소개 없이 곧바로 찾아와 사건을 위임하겠다는 경우는 극히 드문 일이다.

어떻게 오시게 되었냐고 두어 차례 물었지만 그 여자 분은 미소를 지으며 그냥 지나가다 들리게 되었다고만 하였다. 궁금하긴 했으나 더 이상 묻지 않고 당일 사건을 수임하였다. 그 이후 재판이 진행되는 과정에서 변론준비를 위해 몇 차례 그 여자 분을 만났다. 이전에 본 적이 있는 것 같다는 생각만 어렴풋이 들었을 뿐 더 이상 생각나는 게 없었다.

그러던 어느 날 다른 재판 때문에 소송기록을 뒤지다가 몇 년 전에 종결된 사건기록을 보게 되었다. 그 기록 표지에 쓰여 있는 상대방(원고) 당사자의 이름이 눈에 확 들어왔다. 바로 이 사건 의뢰인의 성명이었다. 그제야 예전 재판할 때의 상황이 서서히 떠올랐다.

그 사건은 대여금 사건이었는데, 원고가 입증을 제대로 하지 못해 원고의 패소, 즉 당시 의뢰인인 피고가 승소할 것이 확실시됐었다. 그런데 판결선고 직전 정기인사에 따라 재판부가 교체되었다. 새 재판부는 판결을 선고하지 아니하고 사건을 조정에 회부하였다. 두어 차례에 걸친 재판부의 조정 끝에 피고가 청구취지 금액 중 4분의 1 정도 되는 액수를 지급하는 선에서 조정이 성립되었다. 내심 완승할 수 있었던 사건을 조정에 회부한 재판부가 조금은 원망스러웠다.

새로 선임한 사건이 종결된 후 의뢰인에게 왜 종전 사건을 맡겼던 변호사에게 가지 않고 상대방 변호사였던 나를 찾아왔느냐고 물어보았다. 의뢰인은 종전 사건에서 내가 상대방인 그녀를 너무 몰아부치지 않는 점잖은 태도에 호감을 느껴 나중에 다른 송사가 생기면 한 번 찾아가 봐야지 했다는 것이다.
그 당시 재판부의 권유도 있었지만 기실은 입증을 제대로 못해서 그렇지 상대방의 말이 맞는 것 같다고 생각해 조정에 응했던 건데, 그것이 상대방에게 매너 좋은 변호사로 비춰지다니 …. 결과적으로 운이 좋았다고 생각한다.

최근 경기침체에 따른 법률시장의 장기 불황과 일감 부족으로 변호사들의 삶이 팍팍해져서인지 변호사들의 법정 태도가 예전보다 전투적으로 변한 것 같다. 변호사들이 말과 글을 통하여 상대방 당사자를 아주 몹쓸 사람으로 몰아세우는 것은 물론 상대방 대리인에 대해서도 인신공격을 서슴지 않는 경우를 가끔 본다. 이러한 태도는 크게는 법조 내지 사법시스템 전체에 대한 신뢰를 저하시키고, 작게는 변호사 개인의 품위를 손상시키는 것이어서 마땅히 지양되어야 할 것으로 생각한다.

절제된 일상의 중요성

　나중에 T.V.로도 방영될 만큼 전국적 규모의 꽃뱀조직이 일망타진되었다.
　꽃뱀조직은 조직원 각자의 역할 분담이 확실한 피라미드 형태의 전국적인 조직망을 갖추고 여러 건의 범행을 이른 바 기획실장의 주도하에 치밀하게 계획, 실행하였다. 그 조직이 저지른 범죄 중 피해자가 대학생이었던 사건이 있었다.

　범행은 꽃뱀조직이 찍새를 확보하면서부터 시작된다. 돈이 궁해 조직에 포섭된 복학생(찍새)는 조직의 요구에 따라 같은 과에 재학 중인 돈 많고 여자를 좋아하면서도 어리숙한 대학생을 범행대상자로 찍어 조직에 보고하였다.

　기획실장은 찍새와 상의하여 바람잡이와 몸받이가 출정할 날을 잡았다. 택일한 날 찍새는 대상자를 데리고 약속장소인 게임장에 갔다. 게임을 하다가 우연히 그곳에서 온 것처럼 가장한 바람잡이와 몸받이를 만났다. 찍새는 대상자에게 쟤네들 어떠냐, 내가 한 번 시도해 보겠다고 했다. 여자를 좋아하는 대상자가 싫다 할 리 만무했다. 넷이서 잠시 게임을 하다가 인근 주점으로 장소를 옮겼다.

어느새 찍새는 바람잡이의 파트너가 되고, 대상자는 몸받이와 짝이 됐다. 술기운으로 대상자의 얼굴이 불콰해지자 분위기를 조금 더 띄우기 위해 춤을 출 수 있는 곳으로 자리를 옮겼다. 그곳에서 몸받이는 대상자에게 몸을 밀착하여 춤을 추면서 대상자를 한껏 달궈 놓고는 시간이 늦었으니 집에 가겠다고 했다. 그리하여 대상자가 운전하는 차량 조수석에는 몸받이가 앉고, 뒷좌석에는 찍새와 바람잡이가 탔다. 대상자가 운전을 시작하자 몸받이는 술에 몹시 취해 조는 척하며 이따금 몸을 뒤척여 치맛자락이 허벅지 위로 올라가게 하였다. 대상자가 운전을 하면서도 신경은 온통 몸받이에게 쏠렸는데 바람잡이는 금방이라도 토할 듯 구역질을 하다 대상자에게 잠시 차를 세워 달라고 했다. 찍새는 대상자에게 등이라도 두드려 주고 오겠다며 바람잡이를 따라 내려 골목으로 사라졌다.

하지만 사실은 그 둘은 어둠 속에 숨어 승용차 쪽의 동정을 주시하고 있었다. 한편 몸받이는 조수석에서 이젠 완전히 곯아떨어진 척하면서 대상자를 확실하게 유혹하였다. 어리석게도 대상자는 더 이상 참지 못하고 성행위를 시도할 즈음 몸받이는 눈을 번쩍 뜨고 화들짝 놀란 표정으로 지금 뭐하는 거냐며 소리를 쳤다. 곧이어 큰 소리로 울면서 차량 밖으로 뛰어나갔다. 그것을 신호로 바람잡이와 찍새가 승용차로 달려왔다. 바람잡이는 대상자에게 무슨 짓을 한 거냐며 심하게 나무란 다음 울고 있는 몸받이를 다

독이면서 홀연히 사라졌다. 당황한 대상자에게 찍새는 별 일이야 있겠느냐며 안심을 시키고 각자 귀가를 했다.

바람잡이와 몸받이는 서울서 내려온 기획실장 등이 머물고 있는 여관으로 돌아가서 그날 있었던 일을 낱낱이 보고했다.

다음날 새벽 기획실장은 남자 조직원 몇을 데리고 찍새가 가르쳐 준 대상자의 집을 찾아갔다. 기획실장은 몸받이의 삼촌을 자처하고 다른 조직원들은 오빠 등 가족으로 가장하였다. 기획실장은 대상자를 보자마자 뺨을 세게 때렸다. 당황한 대상자의 부모에게 대상자가 자신의 조카딸을 강간하였는데 어떻게 할 것이냐며 심하게 윽박지르는 등 소란을 피우고 사라졌다.

그들은 며칠 후 다시 부모에게 나타나 엄청난 액수의 합의금을 요구했다. 순순히 응하지 아니하자 몸받이의 이름으로 대상자를 강간죄로 고소하였다. 그리고 몸받이는 피해자로, 바람잡이와 찍새는 참고인으로 수사기관에 나가 그 당시 상황을 딱 오해하기 쉽게 진술하였다. 수사가 진행되는 중간 중간에도 합의금을 요구하였지만 대상자가 끝내 무죄를 주장하면서 합의에 응하지 아니하였다.

하지만 수사기관은 대상자가 강간을 하였다고 인정하여

대상자를 구속 기소하였다. 재판과정에서 대상자가 범행을 부인하자 몸받이와 바람잡이와 찍새는 검찰 측 증인이 되어 대상자에게 매우 불리하게 거짓 증언을 하였다. 그들의 위증으로 1심에서 실형이 선고되었다. 이에 대상자는 항소를 하였는데 더 이상 견디다 못한 대상자의 부모는 꽃뱀조직이 요구하는 액수에 가까운 돈을 주고 간신히 합의를 하여 항소심에서 집행유예로 석방되었다.

그렇게 엉터리 같은 사건이 종결되고 몇 년이 지난 후 그 조직이 저지른 다른 건 범행으로 조직원들이 체포되었고 그들의 여죄를 추궁하는 과정에서 이 사건이 드러났다. 조직원들은 그들 가족 등을 통하여 대상자에게 이번에는 거꾸로 합의를 해 달라고 간청하였지만, 대상자는 악몽을 떠올리고 싶지 않으니 다시는 연락하지 말라며 거절했다. 조직원들 대부분에게 실형이 선고되었다.

위 사건의 경위에서 알 수 있듯이 이러한 범행에 있어서 무엇보다 찍새의 역할이 중요하다. 그들의 범행이 가능했던 것은 대상자가 찍새를 전혀 의심하지 아니할 정도로 찍새와 대상자가 가까운 사이이기 때문이다. 꽃뱀조직도 그러한 찍새의 중요성을 인정하여 범죄수익(합의금 명목으로 받은 돈)을 배당할 때 찍새에게 상당히 많은 금액을 분배한다. 피해자 중에는 ○○군청 △△과장도 있었는데, 그 사건에서 찍새는 도박 빚으로 몹시 쪼들리던, 같은 군청에서 근무하는 □□과장이었다.

　어느 누구도 이런 조직의 표적이 되면 쉽게 벗어날 수 없을 것 같다. 주변 친구들 전부를 의심할 수는 없는 노릇이므로 그러한 마수를 피할 수 있는 길은 평소 생활태도를 바르게 하는 것뿐이라고 생각한다. 아주 오래 전 법관으로 임관될 때 연수원 지도교수님께서 당부하신 말씀이 떠오른다. 절제된 일상생활을 하여 주변 사람들에게 술이나 여자를 좋아한다는 소문이 나지 않도록 하라는 ….

상상적 경합

예컨대, 폭탄 한 개를 던져 1명을 살해하고 다른 1명에게는 상해를 가하고 가옥을 손괴한 경우나 동일한 교통사고로 여러 사람을 사상케 한 경우처럼 하나의 행위가 수개의 죄에 해당하는 경우를 형법상 상상적 경합이라고 한다. 이러한 경우 각 죄에 대한 법정형, 죄질 및 범정을 비교하여 가장 중한 죄에 정한 형으로만 처벌한다. 즉 앞서 본 첫 번째 예의 경우에는 살인죄, 상해죄 및 손괴죄 중에서 살인죄에 정한 형으로만 처벌하고 두 번째의 예의 경우엔 사망한 피해자에 대한 교통사고처리특례법 위반죄에 정한 형으로 처벌한다는 것이다. (사망한 피해자가 여럿일지라도 그것이 동일한 교통사고에 기인한 것이라면 죄질 및 범정이 가장 무거운 특정 피해자에 대한 교통사고처리특례법 위반죄로만 처벌된다.)

오래 전에 대형 음주운전사고가 있었다.

사고 운전자는 울산에서 서울로 고속도로를 이용하여 승용차 탁송을 하는 대형 트레일러 운전자였다. 울산 자동차 공장에서 승용차 6대를 싣고 경부고속도로 상행선을 운행하다가 경주에 있는 건천휴게소에서 저녁으로 우동을 먹었다. 식곤증으로 잠이 오자 주차장 한쪽에 차를 세우고 잠을 청하였다.

그런데 옆에 주차된 또 다른 대형 트럭의 엔진 공회전 소리 때문에 잠을 이루지 못하자 평소 가지고 다니던 2홉들이 소주 한 병을 안주도 없이 다 들이켰다(사고 당시 혈중 알코올 농도가 0.189%였다). 다시 잠을 청하였으나 잠은 오지 않았다. 오히려 정신이 또렷해진 것 같다고 느낀 운전자는 차에 시동을 걸고 고속도로를 운행하기 시작하였다.

하지만 잠시 후 술기운 때문에 자신도 모르게 졸면서 좌로 굽은 내리막길(그곳에서 사고 장소까지의 거리는 약 99m였다)을 진행하다가 주행차로(2차로)를 벗어나 연석(갓길과 도로 사이의 경계가 되는 돌)에 1차 충돌하였고, 그 후에도 계속 졸면서 갓길을 따라 51m 가량 진행하였다.

간신히 눈을 뜨고 주행차로(2차로)로 복귀하였지만 어느새 또 다시 졸다가 불현듯 눈을 뜨니 전방의 선행차량이 급제동하는 것이 보였다. 깜짝 놀라 추돌을 피하려고 황급히 핸들을 왼쪽으로 돌렸는데 지나치게 꺾는 바람에 좌측 앞바퀴가 중앙분리대와 충돌하면서 펑크가 났다. 그 순간 차체 앞부분은 오른 쪽으로 틀어지고 적재함 부분은 중앙분리대 위에 걸쳐지면서 적재함 후미 부분이 중앙선을 넘어가 때마침 맞은 편 하행선 1차로를 달리던 봉고차를 앞부분을 충격하였다. 그로 인해 봉고차에 타고 있던 결혼식 하객 5명이 현장에서 사망하였다.

이 사건은 대형탁송트럭 운전자가 소주를 한 병이나 마시고 고속도로를 운행하던 중 술기운 때문에 졸음운전을 하다가 저지른 사고로서 피해자가 5명이나 사망할 정도로 결과도 중한 대형 교통사고였다.

당시 작성했던 판결문에 기재한 양형이유의 일부를 적어본다.

" … 생각건대, 비록 피고인이 사고를 일부러 저지른 것은 아니라 할지라도 대형화물트럭을, 그것도 승용차 6대를 적재한 탁송트럭을 운전하는 피고인이 운전 도중에 소주를 한 병이나 마시고 일반 국도도 아닌 고속도로를 운행한 것은 사실상 살인의 미필적 고의에 가까운 인식을 가지고 운전한 것이라고 볼 수밖에 없고 피고인의 전적인 잘못으로 인하여 귀중한 목숨을 잃은 사람이 5명에 이르는 점까지 고려한다면, 과연 우리나라에서 실제로 발생하는 교통사고 중에서 이보다 죄질이 불량하고 피해가 큰 사고가 또 있을까 하는 생각이 든다. 피고인에 대한 엄중한 처벌과 아울러 이 사건과 같이 무모하게 음주운전을 감행하는 자에 대한 경종을 울려 차후 이와 동종의 사고가 다시는 발생하지 않도록 피고인에게 중형을 선고한다."

1인 교회

　조정을 할 때 외부인에게는 생소하지만 당사자들에겐 친숙한 용어의 사용으로 당사자들과 사이에 래포[rapport, 상호 간에 신뢰하며 감정적으로 친근감을 느끼는 인간관계(네이버 지식백과)]가 이루어져 조정이 성립된 경험이 몇 번 있다. 그 중에 한 번은 긍휼(矜恤)이란 단어가 도움을 준 사건이었다. 원래 긍휼의 뜻은 "가엽게 여겨 돌보아 주는 것"이라는 것으로, 일상생활에서는 거의 쓰이지 않는 낱말이지만 성경에는 가끔 그 용례를 볼 수 있다(예, 마태복음 제5장 7절 "긍휼히 여기는 자는 복이 있나니 그들이 긍휼히 여김을 받을 것임이요").

　지하에 교회가 들어 있는 5층 건물이 경매에 부쳐진 사건이 있었다. 낙찰을 받은 새 주인이 지하층에 있는 교회 목사를 상대로 명도소송을 제기하였다. 목사는 자신은 주택임대차보호법상의 임차인에 해당하므로 임대차보증금을 반환받기 전에는 지하층에서 나갈 수 없다고 주장하였다. 이에 새 주인은 그 건물 자체가 주거용 건물이 아니고, 특히 목사가 지하층을 임차한 것은 주거용이 아니라 교회 운영을 위한 것이었으므로 목사의 주장은 말이 되지 않는다고 했다.

피고(목사)의 현장검증 신청을 받아들여 현장을 가 보았다. 건물 1층 출입구 기둥에는 교회간판이 부착되어 있던 흔적이 보였는데, 원고(새 주인)는 피고가 이 사건 소 제기 이후에 떼어냈다고 하였다. 피고가 안내하는 대로 지하 1층을 내려갔다. 지하 1층은 세로로 반이 나뉘어 있었는데, 한쪽 부분은 주방과 침실, 그리고 딸아이의 방으로 구획되어 이른바 주거용 공간으로 사용되고 있었고, 다른 한쪽엔 연단, 작은 피아노, 나무로 된 긴 의자 다섯 개가 놓여 있었는데 이 부분이 예배용 공간으로 사용되어 온 듯이 보였다.

예배용 공간이 좁기도 한데다 그 집기가 하도 단출해서 교회신도가 몇 명이나 되느냐고 물어 보았다. 피고는 처음 교회를 열었을 때는 신도가 십여 명 되었는데 이웃에 대형교회가 들어오면서 그 수가 점차 줄더니 지금은 한 명만 남게 되었다고 했다. 요컨대 교회는 사실상 개점휴업(?) 상태이고, 지금은 살림집으로만 사용하고 있다는 것이었다.

주택임대차보호법의 보호대상인 주거용 건물이란 건축물관리대장과 같은 공부(公簿)상의 표시만을 기준으로 할 것이 아니라 그 임차의 목적, 건물의 위치와 구조 등에 관한 실제 용도에 따라서 정하여야 하고, 또 하나의 건물에서 주거용으로 사용되는 부분과 비주거용 부분이 함께 임대차의 목적물이 되는 경우에는 그 주된 목적을 고려하여 합목적적으로 결정하여야 한다. 또한 주택임대차보호법이 적용되려면 먼저 임대차계약 체결당시를 기준으로 하여 그 건물의 구조상 주거용 또는 그와 겸용될 정도의 건물의 형태가 실질적으로 갖춰져 있어야 한다.

그런데 이 사건의 경우 건물 자체가 시장 내 상가건물이고, 건축물관리대장에도 지하층은 그 용도가 사무실로 기재되어 있는 점, 피고가 종전 건물주와 체결한 임대차계약서에도 임차 목적을 교회 운영이라고 기재되어 있는 점 등의 제반 사정을 고려할 때 설령 피고의 주장처럼 현재 주거용으로만 사용되고 있다고 하더라도 피고를 주택임대차보호법에 의하여 보호받는 임차인이라고 단정하기 어려워 보였다.

하지만 건물경매로 인해 전세보증금을 한 푼도 받지 못하고 사는 집을 비워 줘야 하는 피고의 처지가 너무 안쓰러웠다. 그래서 원고를 설득하여 사글셋방이라도 얻을 수 있는 금액이라도 지급하도록 해야겠다고 생각했다.

현장검증 다음 기일 법정에서 원고에게 경매를 통해 시세보다 건물을 싸게 구입하지 않았느냐, 목사의 신분으로 사실상 영세민 생활을 하는 피고를 '긍휼'히 여겨 통상 지급하는 이사비보다 웃도는 금액을 지급하는 선에서 조정을 하자고 제의하였다. '긍휼'이라는 단어를 굳이 사용하며 조정을 권유하였던 이유는 피고는 목사이니 그 용어를 잘 알고 있을 터이고, 법정 및 현장검증 당시 보인 언행으로 미루어 원고도 교회를 다니는 사람일 거라고 짐작했기 때문이다. 아무튼 그것이 통하였던지 원, 피고 간의 의견차를 좁힐 수 있었고 마침내 당초 제시된 안에 가까운 금액으로 조정이 성립되었다.

약혼 부당파기

　약혼은 장차 혼인을 하여 부부가 되기로 하는 남녀 사이의 합의를 말한다. 그런데 약혼을 하였다고 하더라도 혼인은 당사자 사이에 자유로운 의사의 합치에 의해서만 성립할 수 있기 때문에 약혼의 강제이행을 청구할 수는 없다. 즉 당사자 일방은 언제든지 약혼을 해제할 수는 있다. 그러나 해제에 민법 제804조가 정한 사유, 즉 ① 약혼 후 자격정지 이상의 형을 선고받은 경우, ② 약혼 후 성년후견개시나 한정후견개시의 심판을 받은 경우, ③ 성병, 불치의 정신병, 그 밖의 불치의 병질(病疾)이 있는 경우, ④ 약혼 후 다른 사람과 약혼이나 혼인을 한 경우, ⑤ 약혼 후 다른 사람과 간음(姦淫)한 경우, ⑥ 약혼 후 1년 이상 생사(生死)가 불명한 경우, ⑦ 정당한 이유 없이 혼인을 거절하거나 그 시기를 늦추는 경우, ⑧ 그 밖에 중대한 사유가 있는 경우가 아닐 때에는 상대방에게 손해배상책임을 지게 된다.

　어여쁘고 순진한 아가씨가 있었다.
　그 순진녀는 고향에서 학교를 졸업한 후 서울에 있는 형부 회사에 취업을 하여 언니 집에서 거주하게 되었다. 평소 순진녀를 눈여겨보던 이웃집 아줌마가 순진녀를 자신의 올케감, 즉 남동생의 배필감으로 찍고 순진녀의 언니에게 자신의 남동생과 만나게 하자고 채근했다. 언니도 남자친구를 사귀어 본 적이 없는 순진녀를 은근히 걱정하고 있던 터라 옆집 아줌마가 그토록 칭찬하는 그녀의 남동생을 만나 보라고 권하였다.

그리하여 두 사람은 만나게 되었고 서로에 대해 호감을 갖고 사귀게 되었으며 급기야 결혼식 일정을 논의하는 단계에까지 이르렀다. 이쯤 되자 남동생은 순진녀와 자고 싶어 했고, 순진녀는 처음엔 평소 배운 대로 그러한 요구를 거부하였지만 남자의 요구가 거듭되자 결혼까지 생각하는 남자의 간청인데다 호기심도 발동하여 잠자리를 함께 하게 되었다. 그런데 그날 남동생은 순진녀의 허벅지에 작은 흉터가 있는 것을 발견하고, 그 흉터가 어떻게 하다 생긴 거냐고 물었다. 순진녀는 몇 해 전 교통사고를 당했을 때 생긴 것이라고 했다.

남동생은 그 이야기를 누나에게 그대로 전했고, 누나는 외아들인 동생이 혹시 후사를 못 보면 어쩌나 하는 걱정에서 순진녀를 불러 놓고 교통사고에 관하여 필요 이상으로 꼬치꼬치 캐물었다. 질문의 의도가 무엇인지 전혀 눈치를 채지 못한 순진녀는 교통사고로 한 달간 입원을 하였으며 후유증으로 여러 달 동안 걷는데 어려움이 있었다고 솔직하게 말하였다.

불임에 대한 걱정이 급상승한 누나는 가족, 특히 노모에게 그러한 사정을 알렸고, 결국 남자 측은 파혼을 선언하기에 이르렀다. 날벼락을 맞은 순진녀 가족은 순진녀에게 그간의 경위를 상세히 듣고는 노발대발, 남자를 혼인빙자간음죄로 형사고소를 하였다. 하지만 검찰은 파혼에 이르게 된 경위에 비추어 남자가 처음부터 혼인할 의사 없이 간음한 것이라고 보기 어렵다는 이유로 무혐의 결정을 내렸다.

   순진녀 측은 형사사건이 무혐의로 종결되자 가정법원에 약혼 부당파기로 인한 손해배상 청구소송을 제기하였는데, 그 소송은 남자가 순진녀에게 상당한 액수의 금원을 지급하는 것으로 조정이 성립되어 종결되었다.

   재판과정에서 보니 남자는 그리 악한 사내 같지는 않았다. 누나의 과도한 염려가 없었다면 순진녀와 결혼을 해서 행복하게 살 수도 있었을 것으로 보였다. 즉 누나의 지나친 걱정 때문에 파탄이 된 것으로 판단되었다. 남자 측이 걱정을 한 이유가 이해되지 않는 것은 아니지만 병원에서 아무런 검사조차 받아 보지 아니한 상태에서 단지 몇 년 전에 교통사고로 다친 적이 있다는 사실 하나만으로 불임의 가능성이 높다고 속단하여 파혼을 선언한 것은 누가 봐도 경솔한 조치라고 아니할 수 없다. 따라서 남자가 순진녀에게 그녀가 입은 정신적, 물질적 손해에 대하여 손해배상을 하는 것은 당연하다.

여기서 만일 순진녀가 진짜로 불임이라면, 그러한 사유가 민법 제804조 제7호, 제8호에 규정된, '정당한 이유 없이 혼인을 거절한 경우' 또는 '기타 중대한 사유가 없는 경우'에 해당되는가. 대법원은 일찍이 "임신불능은 약혼해제의 사유가 아니다"라고 판시한 바 있고(대법원 1960. 8. 18. 선고 4292민상995 판결), 이러한 태도는 현재까지 계속되고 있다. 따라서 약혼을 한 남자가 약혼녀의 임신불능을 이유로 혼인을 거부한다면 그 혼인거부에 대한 손해배상책임을 져야 한다.

유죄 확신의 정도

형사재판에 있어서 유죄의 증거는 단지 우월한 증명력을 가진 정도로는 부족하고 법관으로 하여금 합리적인 의심을 할 여지가 없을 정도의 확신을 생기게 할 수 있는 증명력을 가진 것이어야 하고, 이러한 증거가 없다면 가사 피고인에게 유죄의 의심이 간다고 하여도 피고인의 이익을 위하여 판단할 수밖에 없다.

이 때문에 일반인이 볼 때 쉽게 이해가 되지 않는 다음과 같은 사례가 있을 수 있다.

사고차량에는 A와 B만이 탑승하고 있었는데, 검찰이 당초에는 A가 운전을 하였다고 인정하여 A를 교통사고처리특례법 위반죄로 기소하였다. 법원은 A가 사고당시 운전하였다고 볼 증거가 부족하다고 하여 A에 대하여 무죄판결을 선고하였고, 그 판결이 확정되었다. 그 후 검찰은 당초 조수석에 앉아 있던 것으로 파악했던 B가 운전한 것으로 하여 B를 같은 죄로 기소하였다. 그런데, 법원에서는 이번에도 B가 사고차량을 운전하였다고 단정할 증거가 부족하다고 하여 B에 대하여도 무죄를 선고하였다. 사고차량에는 A와 B, 두 명만 타고 있었으므로 자연과학적으로 도저히 말이 되지 경우라고 생각할 수 있지만 이러한 일은 위와 같은 증거법칙에 의하여 충분히 있을 수 있는 것이다.

문제는 "합리적 의심을 할 여지가 없을 정도의 확신을 생기게 할 수 있는 증명력"이 어느 정도의 증명력을 뜻하는 것에 대하여 법관 사이에 편차가 있을 수 있기 때문에 동일한 사건을 두고 유무죄의 판단이 달라 질 수 있다는 점이다. 그래서 형사재판 담당 판사는 무죄 판결을 선고할 때 증거의 증명력에 관하여 내린 자신의 판단이 객관적으로 지지받을 수 있는 것인지(다른 판사도 같은 판단을 할 것인지)에 관하여도 고심을 하게 되는 것이다.

승용차로 사람을 치어 사망하게 하고도 구호조치를 하지 아니하고 도주하였다는 공소사실로 기소된 피고인이 있었다. 공소사실의 요지는, "피고인이 승용차를 운전하다가 전방주시를 소홀히 한 과실로 마침 진행 전방에 자전거와 같이 넘어져 있던 피해자를 발견하지 못하고 피고인의 차량 앞부분으로 들이받아 피해자를 사망케 하고도 피해자를 구호하는 등의 조치를 취하지 아니하고 그대로 도주하였다"는 것이었다.

공소사실에 부합하는 증거로는 현장에 출동하였던 경찰관, 119 구급대원의 진술, 현장을 찍은 사진, 사체검안서, 국립과학수사연구소의 감정결과 회보 등이 있었다. 그 증거들을 종합하여 인정되는 사정, 즉 피고인 운전의 차량 왼쪽 앞바퀴 흙받이에서 떨어져 나간 흙받이 조각에서 발견된 혈흔이 피해자의 혈흔과 일치하는 점, 자전거가 처음에 끌린 자리에 피해자의 머리 부분이 함께 끌린 흔적이 나타나 있는 점, 피해자의 상해 부위, 피고인 차량의 하부에 자전거 등에 의하여 쓸린 흔적이 발견되는 점에 비추어 볼 때, 선행사고로 쓰러져 있던 피해자를 피고인이 피해자와 그가 운전하던 자전거를 함께 끌고 가 사망에 이르게 한 것이 아닌가 하는 의심이 들기는 했다.

하지만 ① 흙받이 조각에서 발견된 혈흔이 극히 소량이고, 흙받이 조각에 피해자와 동일한 혈흔이 묻게 된 경위를 여러 가지로 상정할 수 있어(예컨대, 피고인의 승용차가 자전거와 충격하면서 흙받이 조각이 떨어져 피해자의 혈흔이 묻어 있는 노면에 떨어지는 바람에 혈흔이 묻었을 가능성도 있다), 혈흔이 피고인이 피해자를 충격함으로써 피해자로부터 직접 흙받이에 묻었다고 단정할 수 없는 점, ② 피해자 시신의 훼손 정도가 피고인이 피해자를 충격한 후 수십 미터를 끌고 갔다고 보기에는 경미하다는 점, ③ 선행사고를 낸 차량 및 피고인의 승용차가 아닌 제3의 차량이 피해자를 끌고 갔을 가능성을 배제할 수 없는 점(현장에 출동했던 경찰관은 그가 사고현장에 처음 도착했을 때 개인택시 운전자가 그곳을 지나던 차량을 유도하고 있었는데 그 운전사로부터 사고 직후 차량 여러 대가 지나갔다는 말을 들었다고 증언하였다), ④ 피해자의 등 부위에 난 자동차바퀴흔적이 피고인 운전의 승용차가 피해자를 역과하면서 생성된 것인지 여부가 불분명한 점, ⑤ 피해자가 최초로 넘어진 곳과 최종적으로 발견된 곳 사이에 나타난 길이 3.1m 가량의 스키드 마크의 무늬와 피고인 운전의 승용차 타이어 무늬가 동일한 것이라고 단정하기 어려운 점, ⑥ 도주차량의 운전자로 보기에는 피고인의 태도가 극히 이례적인 점(피고인이 사고를 신고하고, 경찰관이 사건 현장에 도착하였을 때 현장을 떠나지 않고 계속 머물면서 자신은 자전거만 충격을 하고 끌고 간 사실이 있다고 진술하였다. ※ 피고인이 비록 현장을 떠나지 않았다고 하더라도 자신이 가해자가 아닌 것처럼 거짓말하는 경우에는 특정범죄가중처벌등에 관한 법률 제5조의3 제1항의 '도주'에 해당한다) 등에 비추어 피고인이 1차로에 놓여 있던 자전거만을 충격하여 끌고 갔을 뿐 피해자를 충격하지는 않았을 가능성을 배제할 수 없는 이상, 위 공소사실에 부합하는 증거만으로는 피고인이 공소사실과 같은 범행을 저질렀다고 의심 없이 확신하기에 부족하다고 하여 위 공소사실에 대하여 무죄를 선고하였고, 항소심 및 상고심에서도 피고인이 무죄라는 점에 대하여 판단을 같이 하였다.

이혼주례

 판사가 협의이혼을 하려는 당사자들에게 이혼의사 유무를 확인하는 절차를 두고 판사들 사이에서는 '이혼주례'라고 한다. 법원 사정에 따라 다소 차이가 있기는 하지만 대체로 당직판사가 협의이혼 확인을 한다.
 수없이 많이 한 '이혼주례' 중에서 기억나는 몇 가지 경우를 떠올려 본다.

1. 알뜰한 남편

 도무지 일을 하려 않고 게으름만 피우는 남편과 더 이상 함께 살 수 없다는 여자가 있었다. 그녀의 남편에게 이혼할 의사가 있는지를 물어보았다. 남편은 "처랑 계속 살고 싶은데 ….".라며 말끝을 흐리더니 느닷없이 협의이혼 서류를 작성하는데 법무사 비용이 좀 들었다고 하였다. 여자가 "헤어지는 마당에도 참 치사하게 군다."며 욕설까지 하였으나, 남편은 전혀 아랑곳하지 않고 계속 돈 타령만 했다. 뒤쪽에 앉아 있던 초로의 신사 한 분이 남편 쪽을 다가가더니 남편의 머리 뒷부분을 손바닥으로 탁 때리며 "도대체 얼마가 들었다는 거냐?"고 물었다. 남편은 뒷머리를 슬슬 문지르며 18만 몇천 원이 들었다고 했다. 여자의 만류에도 불구하고, 신사가 지갑에서 돈을 꺼내 주면서 "이제 됐냐?"고 묻자 남자는 그 돈을 세어 보며 이혼에 동의한다고 하였다.

2. 확실한 남편

우락부락하게 생긴 여자가 성격 차이 때문에 이혼한다고 했다. 상대적으로 왜소한 남편에게 이혼할 의사가 있는지 물어 봤다. 남편은 이혼할 의사가 전혀 없다고 하였다. 여자가 조금 전까지만 해도 이혼한다고 하지 않았느냐고 소리를 질렀다. 남자는 단호한 태도로 그런 적 없다고 했다. 다시 여자가 그럼 오늘 법원엔 왜 왔느냐고 하자 남편은 이혼할 의사가 없다는 점을 분명히 밝히기 위해서 나왔다고 했다. 화가 난 여자는 주먹으로 남편의 명치 부분을 세게 때려 K.O.시킨 후 밖으로 나가 버렸다.

3. 해방된 남편

여자에게 왜 이혼하려고 하느냐고 물었더니 여자는 '성격 차이'가 심해 이혼할 수밖에 없다고 했다. 얼굴이 수척한 남편에게 이혼할 의사가 있느냐고 묻자 갑자기 남편은 자리에 벌떡 일어나 '만세!'라고 외쳤다. 왜 만세를 부르느냐고 물었더니 남편은 성적 노예생활에서 해방되는 게 너무 감격스러워 자신도 모르게 만세를 불렀다고 했다. 덧

붙여 말하기를, 여자가 하루도 쉬지 않고 매일 밤마다 요구를 하는 통에 도저히 살 수가 없었다고 했다. 남편의 말이 사실이라면 이러한 경우가 바로 '성격 차이'가 아니라 '성적 차이' 때문에 이혼하는 것일 게다.

4. 친권행사자 지정

　예전에는 여자가 친권행사자로 되는 경우가 많았었다. 그런데 언제부터인지 남자가 친권행사자로 되는 경우가 많아졌다. 이것도 여권 신장의 여파인지 모르겠다. 기억나는 사건 중에 너무나도 튼튼하고 복스럽게 생긴, 아마 생후 5~6개월쯤 돼 보이는 아기를 안고 나온 젊은 부부가 있었다. 양측 모두에게 이혼의사가 있음을 확인한 후 누가 친권행사자가 되느냐고 물었더니, 둘 다 아무런 대답이 없었다. 재차 물었더니 남자가 "그냥, 저로 해 주세요."라고 하였다. 그게 무슨 말이냐고 하자 남자는 어차피 그들이 키우지 않을 거라고 했다. 이번에는 여자에게 누가 키우게 되는 것이냐고 물었다. 여자는 눈을 내리깔면서 차가운 어조로 시설로 보낼 거라고 했다. 남자의 팔에 안겨 법정을 나서는 아기의 초롱초롱한 눈망울이 아직 눈에 선하다.

숄더백

　외국에 여행을 가게 되면, 나중에 그 여행을 추억할 수 있는 물건, 대체로 여행지의 특산품을 기념품으로 구입하는 경우가 많다. 미국에 체류하였을 때의 일이다. 뉴욕 생활을 기념할 만한 물건으로 무엇을 살까 궁리하다가 뉴욕의 풍광을 찍기 위해 늘 카메라로 지니고 다녔으므로 카메라와 책 두어 권이 들어 갈수 있는 숄더백을 사기로 결정했다.

　그 당시 리틀넥이라는 동네에 살고 있어 맨해튼 중심가에 위치한 로스쿨을 가려면 지하철을 타고 가다 센츄럴 파크 남단에 있는 전철역에서 내려 10분쯤 걸어야 했다. 그래서 로스쿨 가는 날에는 그 공원 남쪽에 즐비한 점포의 쇼윈도를 유심히 들여다보고 다녔다. 그러던 어느 날 한 가게에서 쓸 만한 백을 발견하였다. 그 때는 영어실력을 늘리겠다는 일념으로 미국인과 이야기하는 것을 두려워하지 않던 때라 주저 없이 그 가게 안으로 들어갔다.

　히스패닉으로 보이는 점원은 내가 지목한 가죽 숄더백을 가져다 놓고 가방 표면을 손톱으로 북북 긁어 자국을 낸 다음 수건으로 쓱쓱 문질렀다. 신기하게도 손톱자국이 사라지자 엄지손가락을 치켜세우며 그 백을 사라고 권하였다. 가지고 있던 서류가방에 비하여 가죽 가공처리가 잘 되어 있는 것 같았다. 그 날은 일단 잘 보았다고 하고 가게를 나왔다. 바로 구입하지 않은 것은 가격이 생각보다 비쌌기 때문이다. 다른 점포에도 비슷한 물건이 있는지 찾아보았으나 숄더백에 관한한 그 점포가 제일 구색을 갖춘 편인데다 품질도 나아 보였다.

 열흘 후쯤 다시 그 점포에 들어갔더니 그 점원이 구면인 나를 알아보고 반가운 표정을 지었다. 점원에게 다시 한번 스크래치 시연을 하게 하고 여기저기를 살펴본 다음 그 백을 사겠다고 했다. 점원은 점포 내 구석진 곳에 앉아 있는, 동양인으로 보이는 키 큰 노인과 눈짓을 교환하더니 내가 요청도 하지 않았는데 에누리를 약간 해 주었다. 그동안 별도의 쇼핑백에 넣어 주렁주렁 들고 다니던 카메라를 책과 함께 넣으니 살림이 단출해져 너무 좋았다.

 그날 집에 와서 점원이 했던 것과 똑같이 스크래치 실험을 해 보고 가방 안팎을 꼼꼼히 들여다보았다. 그런데 이게 웬일인가. 가방의 작은 칸 안쪽 솔기에 조그마한 헝겊 태그가 꿰매어져 있었는데, 거기에 놀랍게도 "Made in Korea"라고 표기되어 있었던 것이다.

 순간 내 눈을 의심하였다. 분명히 가방 바깥에 달려 있던 표찰에는 미국 상표 TANDY가 표시되어 있었고 TANDY의 미국 본사 주소와 함께 미국에서 생산된 질 좋은 가죽으로 만든 제품이며 평생보장(lifetime warranty)한다고 쓰여 있었기 때문이다. 미국 체류를 기념하겠다고 산 물건이 한국산이라니! 솔직히 처음에는 서운한 생각도 들었었다. 하지만 곰곰이 생각해 보니 기분이 그리 나쁘지만은 않았다. 아직 자체 브랜드가 없어 유명 브랜드인 TANDY로 생산은 되고 있지만, TANDY 본사가 그 품질을 평생보장하고 뉴욕 중심가에서 당당히 팔리고 있는 제품이라면 결코 가벼이 볼 물건이 아니다.

이후에도 로스쿨을 오가면서 그 점포 앞을 지나다녔는데, 뒤늦게 점포 간판을 보니 상호가 "MIZOSA …"이었다. 'MIZOSA', 즉 미조사라면 어렸을 때 어머니가 구독하던 여성잡지에 자주 선전하던 핸드백을 만들던 회사의 이름인 것 같다.

그 기억이 맞다면, 혹시 그 미조사 주인이 뉴욕에다 점포를 내고, TANDY 본사에서 하청을 받아 OEM으로 생산하는 것은 아닐까. 그 히스패닉과 눈짓을 교환하던 키 큰 노인이 예전의 미조사 사장은 아닐까 ….
외국에 갔을 때 좋은 물건이라고 해서 사 왔더니 국산품이더라는 이야기를 심심찮게 들었었는데 바로 그런 일이 내게 생겼던 것이다.

여학생들의 집단폭행

　다수의 가해자가 피해자 한명에게 폭행을 가하는 집단폭행은 이미 오래 전부터 존재하였다. 그런데 십여 년 전부터 사회문제가 되고 있는 이지메[※ 이지메란 일본어로 '괴롭히다'는 의미를 가진 동사인 이지메루(いじめる)를 명사화하여 만든 용어도 우리나라에서는 왕따라고 한다(네이버 지식백과)] 열풍(?)으로 인해 그 빈도가 잦아졌다. 최근의 집단폭행은 남, 여를 가리지 않는데, 실제로 여학생들이 저지른 집단폭행 사례를 보면 그 폭행의 심각성이 남학생들의 집단폭행에 결코 뒤지지 않음을 알 수 있다. 그 점이 극명하게 드러난 사건을 본다.

　피해를 당한 여학생도 당초에는 그 폭행을 주도한 여학생이 속한 그룹에 속했었다. 그 그룹에 속한 학생들은 학업에는 별로 뜻이 없어 늘 몰려다니면서 다른 학생들에게 돈을 뜯는 등 비리를 일삼았다. 그들 그룹은 15명 남짓한 여학생으로 구성되어 있었는데, 다른 학교 남학생 그룹과도 친교를 맺고 그랬나 보다. 그러는 사이에 주도 여학생이 남학생 그룹의 리더와 서로 깊이 사귀는 사이가 되었다. 그런데 언제부터인지 남학생 리더가 자신을 점점 멀리한다고 느낀 주도 여학생은 그 원인이 피해자가 남학생 리더에게 꼬리를 쳐 둘이 사귀고 있기 때문이라고 생각하였다.

어느 날 주도 여학생은 피해자를 조용히 불러 남학생 리더와 더 이상 사귀지 말 것을 종용하였다. 피해자는 사권 적이 전혀 없다고 딱 잡아뗐다. 주도 여학생이 자신이 오해하였다고 생각하고 그날은 그냥 지나갔다. 그런데 얼마 후 그룹에 소속된 다른 여학생을 통하여 피해자가 남학생 리더를 계속 만나고 있다는 사실을 알게 되었다.

이에 격분한 주도 여학생은 피해자를 제외한 그룹 소속 여학생들에게 거짓말을 일삼는 피해자를 혼내 주기로 결정했으니 피해자가 사는 집 근처 공원에 집합하라고 하였다. 주도 여학생 지시에 따라 그룹 여학생들은 그 공원에 모였고, 그 중 한명이 피해자의 집을 찾아가 피해자를 불러냈다. 피해자는 불안하기는 하였지만 그룹 리더가 부른다니 가지 않을 수가 없었다.

주도 여학생은 그룹 소속 여학생들과 함께 피해자를 데리고 ○○간선도로에 접해 있는 숲으로 갔다. 그곳에서 주도 여학생은 먼저 피해자의 뺨을 몇 차례 세게 때린 다음 나머지 여학생들에게 폭행할 것을 지시하였다. 여학생들은 자신들과는 아무런 관계가 없음에도 피해자를 주먹과 발로 무자비하게 폭행을 하였다.

피해자가 실신을 하자 주도 여학생은 피해자의 얼굴에 생수를 끼얹어 깨웠다. 그런 다음 여학생들을 시켜 피해자의 옷을 모두 벗기고, 그 옷들을 간선도로 경계철망 안쪽으로 던져 버리도록 하였다. 나머지 여학생들은 다시 피해자를 무차별 폭행을 하였다. 피해자가 쓰러지자 이번에는 주도 여학생이 다른 여학생들에게 피해자의 팔다리를 잡게 한 후 나무젓가락으로 피해자의 음부를 마구 찔렀다. 피해자가 고통에 못 이겨 비명을 지르다가 다시 실신을 하자 주도 여학생은 폭행을 중단하고 다른 여학생들에게 해산을 명한 다음 그 자리를 떴다. 그 여학생들 중 그래도 인정이 있는 한 명이 피해자를 그대로 놔뒀다가는 얼어죽을지도 모른다고 생각하여 피해자를 깨워 자신이 입고 있던 코트를 입힌 후 집에 데려다주었다.

피해자의 보호자는 피해자를 곧바로 입원시키고, 경찰에 신고를 하였다. 며칠 후 가해학생들 전부가 체포되었고, 그들 중 범행에 적극적으로 가담, 폭행을 하였다고 인정된 여학생들에 대하여 영장이 청구되었다.

영장이 청구된 여학생들의 죄의 경중을 가리기 위해 그들에게 폭행 경위를 상세히 물어본 후 주도 여학생에게는 어떻게 그런 방법으로까지 폭행을 하였느냐고 물었다. 주도 여학생은 잠시 가만히 있다가 눈물을 뚝뚝 흘리면서 자신도 이전에 똑같은 방법으로 폭행을 당했었다고 말했다.

못된 수법으로 정신적 외상(trauma)을 입은 피해자가 그 못된 수법을 똑같이 재현하다니 …. 이 사건에서처럼 피해자가 당초 입었던 정신적 외상이 제대로 치유되지 않을 경우 피해자가 가해자가 되어 동일한 악행을 저지르하는, 이른바 '악행의 연쇄'가 발생할 가능성이 있다. 이런 점에서도 정신적 외상을 입은 피해자에 대한 적절한 치유가 중요하다고 생각된다.

501호, 502호

 이 사건은 꽤 오래전에 나온 영화 제목 같지만 그게 아니고 집을 세놓아 달라는 옆집 주인의 부탁을 받고 호의로 집 소개를 하였다가 심하게 고통을 받은 사람의 이야기이다.

 원고는 자신이 피고로부터 ○○빌라 502호(등기부상 호수)를 임차하여 현재 점유 중인데 피고의 남편 B가 위 502호(등기부상 호수)를 경락받았다며 원고를 상대로 명도소송을 제기하여 피고에게 임대차보증금의 반환을 구하는 소를 제기하게 된 것이라고 했다.
 이에 대하여 피고는 자기는 위 502호(등기부상 호수)를 원고에게 임대한 사실이 없기 때문에 원고의 청구에 응할 수 없다고 다투었다.

 원고 주장에 의하면, 피고가 원고와 사이에 위 502호(등기부상 호수)에 관하여 정상적으로 임대차계약을 체결하고 원고에게서 보증금까지 다 받아 놓고 며칠 후 다시 찾아와 계약서를 보여 달라고 하였다. 원고가 계약서를 보여 주었더니 피고는 함부로 임대인란의 '임대인' 글자 위에 두 줄을 긋고 '소개인'이라고 기재하고 소개인란의 '소개인' 글자 위에 두 줄을 긋고 '임대인'이라고 기재한 후 타인의 이름을 써넣었다는 것이다. 법률지식이 없는 원고는 괜찮을 것으로 믿고 있다가 며칠 후 집에 온 큰아들에게 계약서를 보여 주었더니 큰아들이 펄펄 뛰면서 피고에게 계약서를 당초대로 해 줄 것을 요구하였으나, 피고가 지금까지 응하지 않고 있다고 하였다. 그런데 원고가 제출한 부동산 등기부 등본에도 502호는 피고의 남편 甲의 소유인 것으로 기재되어 있었다.

이에 대해 피고는 자기가 생전 처음으로 임대차계약서를 작성하다 보니 소개인란에 기재할 내용을 임대인란에 기재하였는데, 나중에 진짜 임대인이 이를 정정한 것이라고 했다. 또한 피고는 부동산 등기부에 502호라고 표시된 빌라는 원고가 임차한 빌라가 아니고 피고가 살던 빌라 501호(나중에 피고의 남편 甲이 경락받았다)를 가리키는 것으로, 소유권보존등기를 하는 과정에서 착오가 생겨 호실 번호가 뒤바뀌게 된 것이라고 했다.

당사자들의 진술이나 임대차계약서, 등기부 등본의 기재만으로는 양측의 주장 중 어느 것이 진실인지 도무지 헷갈렸다.
하지만, 나중에 이루어진 증거조사, 즉 빌라에 먼저 살던 사람 등에 대한 증인신문, 동사무소, 등기소 등에 대한 사실조회 등을 종합한 결과 피고의 주장이 사실인 것으로 판단되었다.

증거조사 결과 인정된 사실관계는 다음과 같다.

나중에 경매가 되기 전까지는 등기부상 표시와 달리 건축주가 명명한 대로 등기부상 ○○빌라 501호는 같은 빌라 502호로, 등기부상 같은 빌라 502호는 같은 빌라 501호로 불렸다.

A는 그가 살던 집 502호(등기부상 501호)를 임대하기 위하여 바로 옆집인 501호(등기부상 502호)에 사는 피고에게 위 502호(등기부상 501호)를 임차하겠다는 사람이 찾아오면 동 빌라와 구조가 같은 피고의 집[501호(등기부상 502호)]을 보여주고 임대차계약서를 자기 대신 작성하여 달라고 부탁하였다.

이에 피고는 A가 살던 위 502호(등기부상 501호)를 임차하려는 원고와 사이에 A를 대리하여 위 502호(등기부상 501호)를 임대한다는 임대차계약서를 작성하면서 동 계약서의 임대인란에 피고 자신의 이름 및 주소를 기재하고 피고의 인장을 날인하였는데 그 당시 동 계약서상 부동산의 표시란에는 "… 소재 ○○빌라"라고만 기재하고 호수를 기재하지 아니하였다.

원고는 계약금은 피고에게 지급하였으나 중도금은 원고가 직접 A를 찾아가 지급하였는데 그 당시 A는 위 임대차계약서 중 임대인란의 '임대인' 글자 위에 두 줄을 긋고

'소개인'이라고 기재하고 소개인란의 '소개인' 글자 위에 두 줄을 긋고 '임대인'이라고 기재한 다음 A의 성명, 주소를 기재하고 그의 도장을 날인하였다.

그 후 원고는 잔금을 A에게 지급하였다.

위 임대차계약은 묵시적으로 갱신되어 원고는 위 임대차기간이 경과한 후에도 계속 위 502호(등기부상 501호)에서 거주하였다.

그런데 주택은행은 위 501호, 502호 등에 관한 임의경매를 신청, 경매절차가 진행되어 위 502호(등기부상 501호)는 소외 B에게, 위 501호(등기부상 502호)는 피고의 남편 甲에게 낙찰되었다(즉 피고 부부는 자기들이 거주하고 있던 빌라를 낙찰받은 것이다).

원고는 위 경매절차 진행 중 피고를 찾아와 그때까지 빌라 호수가 기재되어 있지 아니하였던 위 임대차계약서 중 부동산의 표시란에 호수를 기재하여 달라고 하였다.

이에 피고는 위 계약서의 소개인란에 기재된 자신의 주소가 ○○빌라 501호(등기부상 502호)로 기재되어 있음을 감안하여 부동산의 표시란에는 502호라고 추가 기재하였다.

그 후 피고는 다른 곳으로 이사를 가게 되어 위 501호(등기부상 502호)를 그대로 비워 두게 되었다.

원고는 위 경매절차가 종료된 후 자신이 종전에 거주하던 502호(등기부상 501호)에서 피고가 살던, 즉 피고의 남편 甲이 낙찰받은 위 501호(등기부상 502호)로 甲의 승낙을 받지 아니하고 이주하였다.

 이에 피고의 남편 甲이 원고를 상대로 명도소송을 제기하였더니, 원고가 이에 맞서 피고를 상대로 이 사건 임대차보증금반환소송을 제기하였다.

 결국 위 인정사실에 의하면 피고는 A를 대리하여 원고와 임대차계약을 체결한 것에 불과하다 할 것이므로 원고가 A를 상대로 임대차보증금반환을 요구함은 별론으로 하고, 피고에 대하여는 위 임대보증금의 반환을 요구할 수 없다. 그에 따라 원고의 청구를 기각하였다.

 원고가 자신이 임차하지도 아니한 피고가 거주하던 건물(나중에 피고의 남편이 경락받은 건물)을 임차목적물이라고 주장하였던 이유는 임대차계약서의 임대인란에 피고의 이름이 기재되어 있었던 점, 피고가 거주하던 건물(피고의 남편이 경락받은 건물)의 등기부상 표시가 당초 원고가 임차한 건물의 호수와 일치하는 점, 피고의 남편이 경락을 받은 후 그 집에서 이사를 나간 채 비워 두었던 점(그로 인해 원고는 그 집으로 이사를 갈 수 있었다)을 기화로 실제로 임차한 건물의 경매로 임대차보증금을 지급받지 못하게 되자 피고에게서 그 보증금의 지급받으려고 하였기 때문이다.

 이 사건 재판당시 원고, 특히 원고의 큰아들은 언제나

단정한 모습으로 명쾌하게 답변을 하였고, 대리인까지 선임을 하였는데 반하여, 피고 부부는 용모가 어수룩하고 말투도 어눌하였으며 대리인도 선임하지 않았었다. 증거조사를 해 보니 사건을 처음 대하였을 때 가졌던 생각과는 정반대가 실체적 진실이었다.

이 재판을 통하여 당사자의 진술이 일관성이 없다거나 허술하다고 하여 또는 외모가 어리숙하게 보인다고 하여 가벼이 배척을 해서는 아니 되고, 반대로 그들의 겉모습이나 직업이 그럴듯하다거나 진술이 명쾌하다는 점 때문에 선뜻 믿어서도 아니 된다는 점을 확인할 수 있었다.

정을 뗀다는 것

　정을 뗀다는 말이 있다. 이는 자신이 정을 쏟았던 대상에 대하여 더 이상 정을 주는 것을 포기하는 것을 말한다. 정을 뗀다면 이제는 그 대상과 아무런 관계가 없는, 남과 다를 바 없게 되기 때문에 서로가 편하고 자유로울 수도 있다. 일부러 정을 떼기도 하지만 어찌어찌하다 보니 결과적으로 정을 뗀 것으로 볼 수 있는 경우도 왕왕 있다. 후자의 경우에 흔히 "정을 떼려고 그런 것 같다."라고 표현한다.
　결과적으로 정이 떼어져 서로가 자유롭게 된 사건이 있었다.

　편모슬하의 외동딸에게 장가든 남자가 있었다. 결혼 후 자연스럽게 서울 근교에 있는 장모 소유의 아파트에 들어가 장모를 모시고 살았다. 당시 벌이가 좋았던 남자는 그 수입 전부를 아내에게 주었는데 아내를 전적으로 신뢰하고 있던 터라 그 돈이 구체적으로 어떻게 사용되는지를 전혀 확인하지 않았다. 그렇게 10여 년을 사는 동안 서울 강남으로 아파트 평수를 늘려 이사를 했고(그 아파트 명의는 장모로 하였다) 여분의 돈으로 서울 근교 신축아파트를 무주택 세대주인 남자 명의로 분양받아 놓았다.

그런데 이따금 등허리가 아프다며 동네약국을 다니던 아내가 어느 날 병원에서 검진을 받았는데, 간암, 그것도 말기라는 것이었다. 부랴부랴 전문병원 여러 군데를 찾아가 보았으나 더 이상 손을 쓸 수 없었고, 곧 죽음이 임박한 빈사 상태에 이르렀다.

장모, 처이모 등 처가식구들은 아내의 임종을 지키고 있는 남자를 찾아와 이렇게 가만히 앉아 죽기만을 기다리느냐, 뭐라도 해 봐야 하는 것 아니냐, 돈을 아끼려고 그러느냐며 당장 서울 근교 아파트를 팔라고 닦달을 하였다. 처이모 등은 아내가 사망하기 바로 전날 밤 위 아파트를 살 사람이 나타났다면서 가뜩이나 경황이 없는 남자에게 매매계약서를 들이밀고 날인할 것을 강요하였다. 견디다 못한 남자는 매매계약서에 날인하였고 계약금 1천만 원과 중도금 조로 약속어음 1억 원짜리를 교부받았는데, 함께 있던 장모는 명의(名醫)를 알아보겠다며 남자에게서 위 돈과 어음을 빼앗다시피 가지고 나갔다.

아내가 사망하고 장례식까지 마쳤을 무렵 장모는 아파트 매매대금에 대하여는 아무런 언급도 하지 않은 채 심경이 너무 괴롭다, 기도원에라도 들어가야겠다며 집을 나갔다. 뭔가 낌새가 이상하다고 느낀 남자가 처가의 제적등본 등을 발급받아 보니 아파트 매매계약서에 기재된 매수인은 90세가 넘은 처의 외조모, 그러니까 장모의 어머니였다.

그제야 장모 등 처가식구들이 매매계약 체결을 왜 그렇게 강요하였는지, 계약당일 왜 중도금까지 그것도 약속어음으로 지급하였는지, 장모가 왜 계약금과 중도금을 빼앗다시피 가져갔는지 그 이유를 알 것 같았다.

　장모는 기도원에 가 있다가 잔금 지급기일 직전에 귀가하였다. 계약금, 중도금으로 받은 현금과 약속어음은 어떻게 하였느냐는 남자의 물음에 지금 그런 걸 물어볼 때냐며 오히려 역정을 내고 다시 집을 나갔다. 얼마 되지도 않는 잔금을 받았다가는 서울 근교 아파트에 대하여 아무런 권리도 주장할 수 없게 될 거라고 판단한 남자는 부동산중개인에게 핑계를 대어 잔금 지급기일을 뒤로 늦추고 그 일에 적극 관여한 처가식구들, 부동산중개인을 사기죄로 형사고소하였다. 그랬더니 장모는 남자를 상대로 지금껏 함께 살아오던, 장모 명의의 강남 아파트에서 나가라는 명도소송을 제기하였다.

　그 후 형사고소로 적잖이 고생을 한 처가식구들은 명도소송 진행과정에서 서울 근교 아파트 매매계약을 없던 일로 할 테니 강남 아파트에서는 나가 달라는 조정안을 제시하였고, 아내의 사망에 연이은 장모와의 민·형사소송으로 심신이 피폐해진 남자가 위 조정안을 받아들임으로써 모든 송사를 마무리 지었다. 그로부터 상당한 기간이 경과한 후 남자는 그가 다니던 교회 목사님의 소개로 좋은 분을 만나

현재 평온한 삶을 누리고 있다.

아내 사망 후 장모와의 송사, 좀처럼 보기 힘든 사건이다. 이 건을 두고 남자 주변 사람들은 장모가 사위로 하여금 맘 편히 새장가를 갈 수 있도록 정을 떼기 위해 그랬던 것 같다, 남자가 그동안 심신이 고달팠겠지만 결과적으로 잘된 일이라고 했다. 이 사건은 아마 딸이 죽고 나면 40대 초반인 사위가 조만간 재혼을 할 것이고 그리되면 장모 자신은 이른바 '낙동강 오리알' 신세가 될 것이니 딸이 죽기 전에 챙길 수 있는 만큼 다 챙겨야 한다는 주위 사람들의 부추김에 따라 발생한 것으로 보인다.

그런데 위 사건이 종결된 때로부터 한 세월이 흐른 후 장모의 동생에게서 전화가 왔다고 한다. 장모가 고령으로 치매 상태이고 곧 사망할 것 같은데, 장모 명의의 강남 아파트를 상속하게 되면(※ 장모는 외동딸만 두고 있었는데 그 딸이 먼저 사망하였기 때문에 그 딸의 직계비속인 외손자가 딸의 지위에서 이른바 대습상속을 하게 되므로, 장모의 친정식구들은 상속권이 없다), 상속세가 많이 나올 테니 상속을 포기하는 것이 좋지 않겠느냐는 ….

사실혼관계 부당파기

우리나라는 법률혼주의를 취하고 있다. 따라서 혼인생활의 실질을 갖춘 사실혼 관계에 있더라도 혼인신고를 하지 않으면 법률상 부부로 인정되지 않는다. 사실혼 관계는 혼인생활을 실질을 갖추고 있다는 점에서 가끔 만나 정분을 나누는 내연관계와는 다르다.

사실혼의 배우자는 혼인신고를 하지 않았기 때문에 법률상 혼인신고를 전제로 하는 친족관계나 재산상속 등은 발생하지 않는다. 하지만 혼인생활의 실체를 갖추고 있기 때문에 법률혼에 준하는 보호를 받는다. 따라서 법률혼과 마찬가지로 사실혼 당사들은 서로 동거, 부양, 협조, 정조의 의무가 있으며 일방 당사자가 정당한 사유 없이 사실혼을 파기한 때에는 상대방에게 손해배상 책임을 진다.

다루었던 사건 중에서 기억나는 것이 있다.

주유소를 운영하는 피고는 주유소 근처에서 다방을 운영하는, 아들 하나를 둔 이혼녀인 원고에게 끊임없이 구애공세를 펼친 끝에 원, 피고는 깊은 관계를 맺게 되었다. 이를 눈치챈 피고의 처는 원, 피고를 간통으로 고소하였고 원, 피고는 실형을 선고받고 둘 다 6개월 가까이 복역을 하였다.

　피고는 출소 후 본처와 별거하였는데 원고는 피고가 본처와 이혼하고 원고와 결혼하겠다는 말을 믿고 피고의 집에 들어가 본처 소생인 자식 2명을 키우며 함께 살았다. 그런데 피고가 혼인신고를 미루는 것을 보고 친정을 돌아갔다가 피고의 설득으로 다시 피고의 집으로 왔다. 그 후 몇 년이 지나도록 피고가 약속을 이행하지 아니하자 다시 친정으로 돌아갔다. 이에 피고가 원고의 소생인 아들을 결혼시켜주겠다고 하자 원고는 피고의 집으로 왔다.

　그런데 피고는 원고의 아들 결혼자금으로 준 돈이 결혼자금이 아닌 아들의 사업자금으로 사용된 사실을 알고 이를 반환하라면서 생활비도 지급하지 않았다. 그 후 피고는 원고에게 ○천만 원을 줄 테니 나가 살라고 종용하고 외박을 시작하였고 원고 몰래 집 출입문 열쇠를 바꿔 놓고 집안의 쌀, 반찬 등을 모두 가져갔다.
　이에 원고가 피고를 학대죄로 형사고소하는 한편 법원에 위자료(정신적 고통에 대한 손해배상) 청구소송을 제기하였더니 피고는 본처와 진행 중이던 이혼소송이 끝나면 곧바로 혼인신고를 하고 위자료로 액면 △천만 원짜리 약속어음을 발행해 주겠다고 하자 원고는 그 말을 믿고 위 형사고소와 민사소송을 취하하였다.

그 후 원고는 다시 피고의 집에 들어가 살았는데, 본처가 사망하자 피고는 혼인신고를 그해 연말까지 하겠다면서 이전에 원고에게 위자료 조로 발행해 주었던 약속어음을 회수하고 액면은 똑같고 지급기일이 그해 연말로 된 약속어음을 새로 발행해 주었다.

그런데 피고는 그 전년도부터 원고 몰래 자기보다 서른 살이나 어린 주유소 종업원과 내연관계를 맺으면서 원고와 약속한 그해 연말까지 혼인신고를 하지 아니하고 질질 끌었다. 원고가 화가 나 친정에 가 있으면서 약속어음을 은행에 지급제시를 하였다. 원고는 내심 피고가 피사취부도 신고를 할 것으로 생각하였지만 의외로 어음이 정상 결제가 되었다.

의아하게 생각한 원고가 피고에게 전화를 하였더니 피고는 이제 모든 관계가 끝났다고 청천벽력 같은 이야기를 하였다. 원고가 황급히 호적등본을 발급받아 보니 피고가 얼마 전에 내연녀와 버젓이 혼인신고를 마친 사실을 알게 되었다. 또한 피고는 원고가 친정에 가 있는 동안 원고와 살던 집을 싹 뜯어고치고 내연녀와 신혼살림을 시작하였고, 다른 한편으로는 피고 명의로 되어 있던 대부분의 재산을 타인 명의로 변경해 놓았다는 사실도 알게 되었다. 이에 원고는 사실혼관계 부당파기를 원인으로 하는 손해배상청구 소송을 제기하였다.

재판과정에서 원, 피고 모두를 불러 놓고 조정을 시도하였는데 피고는 주고 싶어도 자기 수중에는 돈이 없다고 발뺌만 하였다. 원고는 피고가 그날 법원을 올 때도 벤츠 승용차를 타고 왔다고 하자 피고는 남의 차를 빌린 것이라고 뻔뻔스럽게 답하였다.

아무튼 피고가 원고와 사실상의 혼인관계를 맺었음에도 불구하고 다른 여자와 내연관계를 맺어오다가 원고 모르게 혼인신고를 함으로써 사실혼을 고의로 파기하였으므로 피고에게 상당한 손해배상금 지급을 명하는 판결이 선고하였다. 하지만 피고가 이미 집행대상이 될 만한 재산 대부분을 타인 명의로 바꿔 놓은 탓에 판결문에 기재된 액수대로 손해배상금을 지급받을 수는 없었다.

어려운 당사자

 재판을 하다 보면 가끔 어려운 당사자를 만나는 경우가 있다. 그러한 당사자는 대체로 이전에 어떠한 형태이든 국가기관으로부터 처분을 받고 실망한 적이 있기 때문에 일종의 피해의식을 가지고 있다. 그래서 재판장이 선의로 하는 말에 대해서도 의심을 하여 재판 진행을 어렵게 하는 경향이 있다.

 하지만 그래도 그들이 자력구제를 하지 않고 법에 호소하고 있다는 사실은 아직까지 법원에 대한 희망을 버리지 않고 있다는 뜻으로 이해할 수 있다. 따라서 그들과 사이에 래포[rapport, 상호간에 신뢰하며 감정적으로 친근감을 느끼는 인간관계(네이버 지식백과)]를 조기에 이룰 수만 있다면, 재판을 어렵지 않게 진행할 수 있다고 생각한다.

 그러면 어떻게 조기에 그러한 관계를 형성할 수 있을까?

 '불용(不用)의 용(用)'이라는 지혜를 발휘하면 어떨까.
 앞서 말한 바와 같이 그들은 늘 경계하고 의심을 하지만, 다른 한편으로는 법원이 따뜻하게 자신을 보듬어 주고 자신의 주장을 경청해 주기를 누구보다 간절히 원하고 있다.

이 점은 그들은 진정서나 탄원서라는 이름으로, 때로는 그러한 내용으로 가득한 준비서면이라는 이름의 서면 제출을 통하여 그들이 처한 상황에 대하여 끊임없이 호소하고 있는 사실을 보더라도 명백하다. 그들이 제출한 위와 같은 서면은 쟁점과는 무관하거나 비법률적인 주장들이어서 별로 볼 가치가 없다고 생각할 수도 있을 것이다. 하지만 분쟁의 배경 내지 원천이 무엇인지를 정확하게 이해하는데 도움을 줄 수 있는 내용이 담겨 있는 경우도 적지 않기 때문에 꼼꼼히 읽을 필요가 있다고 생각한다.

실제로 그런 서면의 내용 일부를 메모하였다가 법정에서 그 부분을 인용하면서 그들과의 문답을 시도하자 그들이 의외로 쉽게 닫힌 가슴을 열고 재판 진행에 순순히 협조하는 모습을 보인 경우도 있었다.

다만 이때 조심할 것은 그들이 제출한 진정서 내지 준비서면의 내용을 잘 파악하고 있다는 것을 넘어서 그들의 입장에 동조하는 듯한 인상을 주어서는 곤란하다는 점이다. 다시 말해 그들이 승소할 것이라는 믿음까지 주어서는 안 된다. 그러한 믿음을 주었다가 나중에 그들이 원하는 것과 다른 결론을 내렸을 때 그들은 법원마저 자신들을 속였다고 생각할 수 있기 때문이다.

　오늘 재판할 사건 중에도 어려운 당사자가 있는 사건이 있다. 그들과 어떤 대화를 하며 재판을 진행할지 걱정이 되지 않는 것은 아니지만, 진정성 있는 자세를 유지한다면 그들도 결국은 재판부 내지 법원의 입장을 이해하지 않을까.

　지난 두 달 동안 20여 편의 부실한 비망록 같은 경험담을 올렸습니다. 격려와 성원을 보내 주신 분들에게 미흡하게나마 고맙다는 말씀을 올립니다.
　아직 할 얘기는 조금 더 남아 있는데…. 인사명령도 받았으니 이제 마칠 시간이 된 것 같습니다.
　만 24년 동안 판사로서 직무를 나름 성실하게 수행하였다고 생각하지만 후회되는 바가 적지 않습니다.

　제가 경험한 바에 의하면 우리 법원가족들은 한 분 한 분 다 유능하고 성실하십니다. 그런데 일을 하다 보면 어려운 당사자들로 인해 상처를 받고 그로 인해 강퍅한 마음이 드는 경우가 없지 않을 것입니다. 저도 그랬었습니다.
　하지만 우리의 존재이유는 그러한 당사자들을 포함한 국민의 재판받을 권리를 실현하는데 있다고 생각됩니다. 부디 너그러운 마음으로 국민과 소통하시길 바라며 자경문 같이 쓴 졸시를 읊조리는 것으로 작별인사를 드릴까 합니다. 존경하는 법원가족 여러분 모두 항상 건강과 행복이 함께하시길 진심으로 기원합니다. 그동안 정말 고마웠습니다. 안녕히 계십시오.

〈눈을 기다리는 이유〉

눈은
한 해가 저물어 가고 새해가 밝아 오는 계절,
겨울에 내린다

눈이 그런 시기에 오는 건
웬만한 허물은 덮어 주어

맘 편히 한 해를 마무리하고
홀가분하게 새해를 시작하게 하기 위함이다

자잘한 데 연연하지 아니하니
크고 중요한 것이 돋보이는데

세상천지가 백설로 가득할 때

소나무가 더욱 우뚝해 보이는 건 그 때문이다

고운 체로 세세한 것까지 거르는 비와 달리
성긴 그물코로 큼직한 것만 거두는 눈

너그러우면서도 사리 밝음에 호감이 간다

그저 그런 흠이 많은 우리들이
눈 내리기를 기다리는 이유이고

날이 아무리 추워도 눈이 없으면
겨울 같지 않은 까닭이다

이제야 부장님 글을 읽게 되면서 애독자가 되어가려고 했는데,
법원을 떠나신다니요. ㅠ 부장님 글은 슬슬 읽히면서 잔잔한
감동을 주었습니다. 감사했습니다. 어디 계시든 건강하시고
행복하십시오.^^
○○○
2022-01-27

지위 고하를 막론하고
한여름 잠시 태양을 피해
쉴 수 있는 그늘이 되어 주었던

큰 나무 였던 부장님~!
부장님의 따뜻한 마음 영원히 간직하겠습니다.
늘 존경하고 사랑합니다.
○○○
2022-01-26

눈 위의 발자국과 같은 시와 글을 남겨주셨습니다. 매 겨울마다 눈 내리기를 기다리는 마음 가져보겠습니다. 감사드립니다. 늘 건강하시고 평안하십시오.
○○○
2022-01-26

얼굴도 뵌 적이 없지만 뒤늦게 부장님의 글들을 찾아보면서 그런 생각이 들었습니다,
많은 지식과 경험을 누구나 쉽게 이해하고 공감할 수 있게
풀어주시는 그런 분이라는 느낌~,
오늘은 또 어떤 세상사를 배울 수 있을까 기대되는 마음으로
부장님의 글을 클릭하곤 했었는데,
더 이상 읽을 수 없다는 아쉬움이 저만 드는 건 아닌가 봅니다,
다시 한번 좋은 글들을 올려주셔서 감사드리고 항상
건승하시기를 응원하겠습니다,
좋은 글 감사했습니다~
○○○
2022-01-25

강 부장님~ 그동안 수고 많았어요~ 좋은 글 감사하고, 아무쪼록 정진하여 임인년 새해 더욱 발전하시길 기원해요~~
○○○
2022-01-24

부장님! 많이 아쉽습니다.
일면식도 없고, 스쳐지나치지도 않았지만, 부장님의 글로
마주앉아 이야기를 듣는 느낌으로 글을 읽었습니다.
부장님의 법정에서 있었던 지혜로운 행동이 일반 사회생활을
하는데도 큰 도움이 됩니다.
그러므로 올리신 글을 몇 번이나 읽어보고 또 읽어 보고
했는데……
어느 곳에 계시더라도 부장님이 가지고 계신 시간의 반짝임은
사라지지 않을 것이며,
늘 건강하시길 기원합니다..
그 동안 정말 감사했습니다.
부장님 말씀 잘 들었습니다.
언제나 어딜 가나 늘 건강하시길 바랍니다.
○○○
2022-01-24

그동안 부장님의 글을 읽는 재미가 솔솔했었는데 이제 더 이상
볼 수 없다고 생각하니 무척이나 아쉽습니다.
너무나 행복했습니다. 감사합니다. 부장님.
늘 건강하시고 행복하시길 기원합니다.~~
○○○
2022-01-21

7월에 발령을 받아 부장님을 처음 뵌게 엊그제 같은데 벌써
이별의 시간이 다가왔습니다.
부장님께서는 항상 저에게 좋은 말씀 해주셨는데 저는 부장님의
기대에 부응하지 못해 아쉬운 마음이 듭니다.
회자정리 거자필반이라는 말처럼 지금은 헤어지지만, 언젠가 다시
만나 뵙기를 기대합니다.

○○○
2022-01-21

부장님, 천지는 불인이라지만 부장님께서는 늘 인자하시고
너그러우셨습니다.부장님의 그러하신 인품과, 부장님의
지혜로우신 말씀들 늘 기억하면서, 이 곳에서 부장님을 늘
본받고자 노력하면서 지내겠습니다.
감사드립니다. 존경하는 부장님의 명예로운 정년퇴임을 진심으로
축하드립니다.
○○○
2022-01-21

연륜이 담겨 있는 따뜻한 글 그동안 감사했습니다.
○○○
2022-01-21

너무나 아쉽습니다. 올려주시는 좋은 글도 더 이상 읽을 수가
없구나 싶어서요~ 늘 이해하기 쉽게 말씀해 주셔서 감사했습니다.
항상 건강하시고 행복하시길 바랍니다.
○○○
2022-01-21

감사합니다. 여러 가지 진솔한 얘기를 편안하게 써 주셔서 감사히
잘 읽었습니다.
항상 건강하시고 행복하세요~~~^^
○○○
2022-01-21

저도 열렬한 독자였습니다.

○○○
2022-01-21

부장님!!! 그동안 좋은 글 올려주서서 감사합니다.
앞으로도 건강하시고 행복하시길 기원합니다.
○○○
2022-01-21

<눈을 기다리는 이유... 그저 그런 흠이 많은 우리들이 눈 내리기를 기다리는 이유이고.. 마음 한 구석이 찡해오네요. 부장님. 글로 만나자마자 이별이네요.. 뵌 적은 없지만 많이 서운해진다는 것은 정이 들어서일 거란 생각이 됩니다.
항상 건강하시고 부여나들이 기회 되시면 산야농장에 이쁜 꼬꼬들 보러 놀러 오세요. 이웃집 토종닭 푹 끓여 놓을게요.^^
○○○
2022-01-21

편하게, 부담없이, 자연스럽게 쭈~욱 읽고 감동 ㅎㅎㅎ 동화된 느낌이었습니다.
감사했었구요, 항상 건강과 행복이 함께 하시길 바라옵니당~~~
글로만 뵈었는데 석별의 인사를 하신다니 너무 아쉽고 섭섭합니다.
이번 겨울, 부장님 글들 읽으며 따뜻한 기운 많이 받았습니다.
오늘의 마지막 글은 석별의 정을 느끼며 눈시울을 붉히게 되네요.
좋은 글 나누어주서서 감사했습니다.
부장님의 앞날에 평안과 행복이 가득하시길 기원합니다.
○○○
2022-01-21

부장님의 '사람 냄새'나는 따뜻한 글을 읽을 수 있어서 많이 행복했습니다.
더 이상 글을 볼 수 없다는 것이 애독자로서 너무 안타깝습니다.
좋은 글 남겨 주셔서 정말 감사합니다.
부장님! 세상에서 가장 행복하세요 ^^
○○○
2022-01-21

부장님을 통해 코트넷이 풍요롭고 행복했습니다.
앞으로도 부장님을 응원합니다. 감사했습니다.
○○○
2022-01-21

아~석별의 시간이 다가왔군요^^:
그동안 경험에서 우러나온 훌륭한 글 잘 보았고 저 또한 좋은 영감을 받았습니다. .
늘 건강하시고 행복한 삶이 되시길 기원드립니다.^^
○○○
2022-01-21

하얀 겨울에 떠나시네요...그동안 수고하셨습니다, 건강하세요.
○○○
2022-01-21

부장님....재판 중 따뜻한 마음이 느껴져요^^부장님의 평소 모습이 아닐까 싶어요.
바쁘신 중에도 시집을 많이 내셨더라구요...삶을 다시 한 번 돌아보고 생각해 보는 시들이였어요..
퇴직하신다고 하니 많이 섭섭해요..어디서든 부장님을 응원하고

좋은 소식은 함께 하면 좋겠어요
건강하시고 행복하세요...
○○○
2022-01-21

강태훈 부장님
작년 2월 수원법원 사무실에 두시고 간 시집을 오늘 다시 펼쳐
보았습니다.
詩的인 삶이 되기를 바란다는 부장님의 친필이 오늘 더 크게
가슴에 와 닿습니다.
시집을 받고서 제대로 인사드리지 못했는데 오늘 댓글로 감사의
인사를 드립니다.
부장님의 앞날에 늘 좋은 일만 있기를 기원드립니다.
○○○
2022-01-21

부장님을 한 번도 뵌 적은 없지만, 더 이상 부장님의 글을 볼 수
없음이 너무나도 아쉽습니다.
그동안 부장님의 글을 읽을 수 있는 기회를 주셔서 너무나
감사드립니다.
늘 건강하십시오.^^
○○○
2022-01-21

간결하고, 복잡하지 않지만 깊이가 있는 따뜻한 부장님의 글...
감사했습니다.^^ 항상 건강하시고 행복하시길 기도합니다
○○○
2022-01-21

이렇게 헤어진다고 생각하니 아쉽습니다. 광주에서도 부장님을
항상 응원하고 기억하겠습니다. 감사합니다.
○○○
2022-01-21

마지막 글이라니 많이 아쉽습니다.
항상 건강하시고 행복하시길 바랍니다.
○○○
2022-01-21

강 부장님!
그 동안 재판 과정의 경험을 섬세하고 따뜻한 마음으로 풀어
놓은 부장님의 글 덕분에 많이 즐거웠는데 게시판에서는 더 이상
볼 수 없다니 많이 아쉽습니다.
앞으로 새로 시작하는 삶에서도 고운 마음 잃지 않으시고
건승하시길 바랍니다.
○○○
2022-01-21

요즘 아침마다 좋은 글을 올려주셔서 너무 즐거웠는데
마지막이라고 하니 많이 서운하고 안타깝습니다.
부장임 앞으로도 항상 건강하시고 행복하시길 기원합니다.
○○○
2022-01-21

법원행정처로서는 저와 ○○○ 등 공익적 주장을 하는
직원들이...<어려운 당사자>로 느껴질거라 생각합니다.
서로 <래포>를 형성하는 노력이 필요하다는 말씀...감사합니다.
○○○

2022-01-21

그동안 수고하셨습니다! 건강과 행운이 늘 함께 하시길 빕니다. 이제는 법원 밖에서 여유로움을 즐기며 멋지고 품격있는 글들을 계속 남겨주세요.
○○○
2022-01-21

그동안 좋은 글 감사합니다
항상 건강하시고 행복하십시오^.^
○○○
2022-01-21

삶에 깊이가 느껴져서, 절로 고개를 숙이게 합니다...^^
○○○
2022-01-21

부장님 글을 읽고 나면 여운이 오래 가고 위로받는 기분이었습니다. 처음부터 말씀하셔서 마지막이 있겠구나 생각했지만 막상 안녕을 고하시니 아쉬움이 큽니다. 그 자리 감사함으로 채우며 부장님의 안녕을 기원합니다. 감사합니다...
○○○
2022-01-21

졸시가 아니라, 우리 모두의 자경문으로 삼을 명시를 남겨주셨습니다.
코트넷에 깊이 있는 소나무 향기가 참 좋았고요.
댓글들을 보니, 강태훈 판사님의 판단이 옳으시네요.
법원가족들은 모두 따뜻하고 생각이 깊으신 분들입니다.

○○○
2022-01-21

부장님, 그동안 감사했습니다.
이제 코트넷 자유게시판을 여는 즐거움이 하나 없어진다고
생각하니 많이 서운하고 안타깝습니다.
앞으로도 항상 건강하시고 행복하시기 바랍니다.
○○○
2022-01-21

그저 그런 흠 많은 제가 눈 내리기를 기다리듯 부장님의 글을
아침마다 기다렸는데 석별인사라니 참 아쉽습니다.
그 동안 좋은 글 감사했습니다. 부장님의 건강과 행복을
기원합니다.
○○○
2022-01-21

부장님, 결국 이별이군요. "우리 생의 진리는 어디 거창한 곳에
완전한 모습으로 존재한다기 보다는 싱겁기 그지없는 일상 속에
부스러기처럼 듬성듬성 박혀 있고 그런 자잘한 조각을 통해
조금은 가늠할 수 있다"고 생각하신다던 부장님의 말씀처럼
그러한 조각들을 모아 게시판에 올려주셔서 감사합니다. 따뜻하고
부드러우셨던 부장님을 늘 멋진 시인으로 기억하겠습니다.
감사합니다. 내내 건강하시고 평화로우시길 기원합니다.
○○○
2022-01-21

부장님의 정갈하고 정감있는 글을 모두 읽었습니다. 아마도
특정인의 모든 글을 읽은 것은 부장님이 처음인 것 같습니다.

처음부터 부장님의 글이 곧 끝난다는 것을 알았지만 너무나 아쉽습니다.
높은 품격과 좋은 경험이 모두에게 공감될 수 없는 것이 안타깝습니다. 부장님의 강건함과 행운을 기원드립니다.
○○○ 배
2022-01-21

부장님, 석별인사라니 넘 아쉽습니다. ㅠ_ㅠ 그간 좋은 글 감사히 잘 읽었습니다. 그간 올려주신 글 읽으며 많이 배웠답니다.
건강하시고, 행복한 나날 가득하길 바라겠습니다. 감사합니다!!
○○○
2022-01-21

부장님 글이 좋아서 아침마다 읽으려고 했는데 퇴직을 하신다고 하시니 뵌 적은 없지만 서운한 마음이 듭니다.
오늘도 좋은 글 감사합니다. 항상 건강하시길 빕니다.
○○○
2022-01-21

오늘 하루를 많은 아쉬움으로 시작할 것 같지만, 부장님의 마지막 말씀 잘 기억하며 법원생활하도록 하겠습니다.
그동안 좋은 잘 읽었으며 항상 건강하시길 바라겠습니다.
감사합니다.
○○○
2022-01-21

무척 아쉽군요
간간이 올라오는 부장님 글들은 그래 사람은 모두 같은 맘으로 살아가는 거지 란 걸 느꼈지요 그동안 감사했습니다.
부장님의 앞날에 건강과 행복이 함께 하십시요.
○○○
2022-01-21

부장님께서 그동안 재판업무를 하시며 느꼈던 소회를 이런
자리를 통해 읽기 쉽게 글을 올려주셔서 감사했습니다. 날마다
코트넷게시판에 올라온 부장님 글을 보는 재미가 쏠쏠했습니다.
늘 건강하시고 행복하시길 기원합니다.
○○○
2022-01-21

좋은 글 감사합니다. 고생하셨습니다, 늘 건강하십시요 부장님.
○○○
2022-01-21

그동안 좋은글 감사했습니다. 항상 내내 건강하십시오..
○○
2022-01-21

부장님, 그동안 소중한 경험담을 들려주셔서 정말 감사했습니다.
더 이상 이 공간에서 부장님의 글을 볼 수 없는 것이 너무
아쉽습니다.
아쉽고 허허로운 마음을 3행시로 담아 보았습니다.

강 : 강단있고 부드러운 외유내강 강부장님
태 : 태어나고 헤어짐은 자연이치 따르지만
훈 : 훈훈하게 끝맺으니 그대향기 짙게뱄네
○○○

2022-01-21

부장님의 글을 더 볼 수 없다는 것이 너무 안타깝네요. 그동안 부장님의 글로 즐거웠고 순간만큼은 좀 깨어있는 기분이었습니다. 감사합니다.
○○○
2022-01-21

부장님. 그동안 좋은 글들 감사합니다. 이곳에도 소나무가 자리하고 있었음을 느꼈습니다.
○○○
2022-01-21

부장님 행복했습니다. 인생 3막 축하 드립니다. 감사합니다.
○○○
2022-01-21

부장님을 직접 만난 적은 없지만 비망록을 통해서 생각하지 못한 부분에 대하여 공감하였습니다. 깊이 생각하시고 섬세한 언어를 선택하신 내용들을 대하면서 앞으로의 생활을 달리 해 보아야겠다는 생각도 많이 들었습니다. 눈을 기다리는 사람이 되어 가고 있습니다. 감사합니다. 건강하세요~~
○○○
2022-01-21

감사합니다. 큰 즐거움이었습니다.
○○○
2022-01-21

그동안 좋은 글 감사히 잘 읽었는데 너무 아쉽습니다.
늘 건강하세요.
○○○
2022-01-21

존경하는 부장님.
부장님을 좀 더 일찍 뵐 수 있었으면 참 좋았겠다는 아쉬움도
큽니다만, 뒤늦게나마 코트넷을 통해 이렇게 참 좋으신 부장님을
알게 된 것도 복 받은 것이라고 생각합니다.
새해에도 건강하시고, 부장님 가정에 늘 행복과 웃음꽃이
피어나는 새해 되시길 빕니다.
○○○
2022-01-21

그동안 수고 많으셨습니다. 재판의 현장에서 끝까지 최선을
다하신 모습을 남은 사람들은 추억할 것입니다. 항상 건강하시고,
자연과 이웃을 사랑하시는 마음을 가끔씩은 전해주시기 바랍니다.
○○○
2022-01-21

부장님^^덕분에 즐겁고 행복했습니다. 감사합니다.
○○○
2022-01-21

존경하는 강태훈 부장님, 부장님과 함께 했던 인연, 부장님께서
베풀어주신 온정, 그리고 게시판 글을 통해 전해주신 소중한
경험과 따뜻한 마음 모두 감사히 간직하겠습니다. 그간 정말 노고
많으셨습니다. 깊이 감사드립니다.
○○○

2022-01-21

감사합니다.
○○○
2022-01-21

그 동안 감사하게 잘 읽었습니다.^^ 감사합니다.
○○○
2022-01-21

부장님의 글을 읽고 기분좋게 하루일과를 시작하는 즐거움이 사라져서 너무 아쉽습니다. 늘 건강하시고 평안하십시오.
○○○
2022-01-21

더많은 이야기들이 있을 것 같아 기대했는데 마지막이라니 아쉽네요. 그동안 자유게시판을 따뜻하게 만들어주셔서 감사합니다.
○○○
2022-01-21

그동안의 글도, 오늘의 시도 무척 친근하게 와 닿습니다. 고맙습니다. 건강하십시오.
○○○
2022-01-21